Printemps 1991

For dearest Lyn,
 Another translation of chinese poems! I hope you will find time in between courses and exams to relax with them.
   xox's —
      Maman best

LE VOLEUR DE POÈMES

CHINE

CLAUDE ROY

LE VOLEUR DE POÈMES

CHINE

*Ouvrage publié avec le Concours
du Centre National des Lettres*

MERCURE DE FRANCE

MCMXCI

ISBN 2-7152-1614-9

© Mercure de France, 1991
26, rue de Condé, 75006 Paris
Imprimé en France

à
Pierre Rykmans
et à
Simon Leys

JEAN LÉVI
a bien voulu relire et vérifier
le texte de ces poèmes dérobés
au chinois.
Qu'il en soit remercié, sans qu'on
puisse le tenir pour responsable
des libertés délibérées que le
voleur de poèmes a prises
pour essayer d'être fidèle à l'émotion
de l'original chinois.
Ma gratitude aussi, par l'ordre
d'entrée en « conseil-et-critiques »,
à
LO TAKANG
CHEN T'IEN-MING
HSU LIEN-TUAN
ZAO WOU-KI

Presque tout ce qui est en paix ne rend aucun son. Plantes ni arbres n'ont de voix, mais que les agite le vent, ils frémissent. L'eau n'a pas de voix, mais si le vent la froisse, elle rend un son, si on la frappe elle retentit, si on la contient elle gronde, si on la fait bouillir, elle chante. Métal et pierre n'ont pas de voix, mais qu'on les frappe, ils résonnent. Ainsi des hommes : ils ne parlent que si on les force. S'ils désirent quelque chose, ils chantent. S'ils sont tristes, ils pleurent. Les sons franchissent leurs lèvres quand ils ont perdu la paix.

La musique exprime ce qui a été longtemps contenu, et choisit pour retentir les matières les plus sonores. Métal, pierre, cordes, bambous, calebasses, terre cuite, cuir et bois, tout cela rend un son. Il en est de même avec les saisons de l'année : chacune choisit les choses les plus sonores pour faire entendre sa note. Les oiseaux bavardent au printemps, le tonnerre gronde en été, les grillons strident à l'automne, et le vent hurle pendant l'hiver, car tant que sont en marche les saisons, il n'y a pas de paix.

Les hommes aussi cherchent ce qui les fera le mieux résonner. Le langage est l'essence de la parole, la littérature est l'essence du langage, et les plus experts à les utiliser sont choisis par l'humanité pour rendre le son qu'elle cherche à exprimer.

HAN YU
768-824

INTRODUCTION

Voleur de poèmes, je ne l'ai pas été seulement de ces poèmes que je m'efforce, depuis des années, de dérober à des jardins étrangers. Ici à la Chine. Mais souvent aussi à d'autres domaines, latin, anglais, italien, et même (avec l'aide de complices dans la place) à ces domaines dont la langue m'est tout à fait *étrangère*, en effet : russe, grec, polonais, hongrois, mongol... Voir s'approcher de soi, peu à peu, le sens d'un poème, prêter l'oreille, jusqu'à presque l'épouser, au rythme qu'il a dans sa langue, scansion, accents, mesure — c'est un plaisir dont je ne me suis jamais lassé : j'ai volé des poèmes dans le monde entier.

Mais les poèmes dont je m'avoue l'auteur, le seul auteur, je n'ai jamais eu pourtant l'impression d'en être le propriétaire légitime. On ne *fait* pas un poème : il *se fait* en nous, et on peut alors seulement le terminer et peut-être l'accomplir. On ne *crée* pas un poème comme on façonne un objet : il se crée en nous, et le travail du poète, si patient, si minutieux, si essentiel soit-il, ne lui apparaît que comme celui de l'accoucheur : le germe de vie, l'enfant existaient peut-être en nous, mais toujours avant nous. Un poème, c'est cela qui d'abord nous est *donné*.

Nous savons bien que cette sensation du *don*, qu'on la nomme « inspiration », « imagination », « vision », n'est qu'une illusion d'acoustique intérieure. Ces quelques mots-étincelles qui jaillissent en nous, comme venus d'ailleurs, et qui vont peut-être allumer le petit feu d'un poème ; ce rythme qui se détache de nous, et qui va scander les vocables apparus en précurseurs — ce ne sont pas les fruits d'une dictée transcendante, des messages de l'extérieur, le discours du Très Haut ou le marmonnement du très bas, la langue des dieux ou le bredouillis des démons : comme tous les hommes, les poètes appartiennent à cette espèce dont l'espace intérieur est peuplé d'échos, de miroirs et de mirages. Nous sommes ces animaux qui disent : « Je me dis », sans être tout à fait assurés de l'identité de ce *je* qui dit à *moi*. Qui murmurent : « Je me demande », sans être certains que celui à qui *je* demande est un autre que celui qui demande.

Les poèmes que je me suis hasardé à signer de ma seule signature, j'aurais pourtant du mal à en présenter les titres de propriété. Je me soupçonne toujours de n'en être que l'interprète, le traducteur. De les avoir *volés*. Écrire un poème, c'est toujours un peu transcrire de la plus intime des langues étrangères ce sens et cette musique qui demandaient sourdement à être mis au clair. C'est formuler à voix haute ce chuchotement confus qui se faisait entendre au lointain de nous. Je passe aux aveux : les poèmes de Claude Roy sont le fruit d'un vol. Il les a volés à Claude Roy.

Mais osera-t-il ajouter, ce voleur qui dérobe aussi des poèmes à Wang Wei ou à Li Po[1], qu'il a l'im-

---

1. L'adoption internationale du système de transcription *pinyin* élaboré par la Chine a un avantage capital : d'un bout à l'autre

pression souvent de s'être approprié ce qui ne lui appartenait pas ? Ce n'est peut-être pas présomption ou illusion. De l'expérience de toute une vie passée à voler des poèmes, je déduis une hypothèse : c'est que, à l'épicentre de l'océan des paroles humaines, il y a ce lieu où tout est de tous et où tout est à tous. Ce cœur du cœur des mots où le tien et le mien ne se distinguent plus. On dirait parfois que tous les poèmes du monde ont pour auteur un seul poète. Et que ces millions de voix, dont pas une n'est jamais pareille à l'autre, se ressemblent.

Ce n'est pas vrai. C'est vrai, pourtant.

La Chine, par exemple. Cette Chine que j'ai aimée, interrogée, pillée depuis tant d'années.

1

La Chine, bien entendu, *ne ressemble pas :* ce ne serait pas la peine d'être la Chine. Elle ne ressemble pas aux coteaux mesurés et aux expressions modérées, aux horizons et aux raisons mesurés au quart de millimètre, à ce clair génie français, à ce clair génie italien, à ce clair génie suisse, à ce clair génie anglais, et à ce clair génie luxembourgeois, etc., à cette douce

du monde, la même orthographe désigne le même mot. Mais le *pinyin* pour presque chaque nation, et particulièrement pour la France, a le grave inconvénient de s'éloigner vraiment trop de la prononciation réelle. J'ai donc pris le parti ici d'utiliser la transcription de l'Ecole Française d'Extrême-Orient.

clarté modérée, mesurée, harmonieuse, dont nous sommes aussi fiers que, dans les tableaux de Vermeer de Delft, sont fières de la netteté briquée de leurs chambres dallées, carrelées, les dames d'intérieur qui ont fait leur minutieux ménage d'encaustique et de soude, avant que le peintre ne fasse ses mélodieux manèges de lumières et de couleurs. Pour ce qui est de la sagesse gréco-latine, des grandes traditions helléno-romaines, des jardins de curés, des vergers d'amour et des cieux gris couleur gorge-de-pigeon, il vaut mieux ne pas chercher cela en Chine.

Bien sûr, la dérive finale du maoïsme aura laissé une Chine dont les défauts (la brutalité, la cruauté) auront été accusés, dont les faiblesses (la misère, la résignation, la docilité) auront été accrues, une Chine grossière, lourde, bétonnée. Pourtant, sous le talon de fer de la « pensée maozedong », la Chine essentielle survit et s'obstine. La résistance du roseau à l'ouragan, de la Chine aux tyrans, cela, c'est la Chine.

Mais, cette odeur profondément poignante et chaude des foules de Chine, belle comme l'odeur d'un grand troupeau intelligent, odeur de ce qu'ils mangent et pensent, odeur du gingembre, de l'ail, de l'humour, des melons d'eau, de la finesse, de la sueur, des algues séchées, de la curiosité, des fruits de *litchi*, de l'enthousiasme, de la sauce aux haricots rouges, du tabac doux de Sechuan, de la sagesse narquoise, du thé vert, cette odeur immense, océanique et touffue — cela, c'est la Chine.

Mais ce grand bruit fracassant-fracassé, ce ressac des villes, qui ne cesse de monter et descendre comme une lessiveuse en ébullition, ce tapage des marchands des rues qui crient, des tireurs de faix qui crient, des agents de police qui crient, des enfants qui crient, et les cymbales qui font *dzim*, et les clochettes qui font *ling-ling*, et le gong qui fait *gong*, et les castagnettes de bambou qui font *tlac-tlac*, et le tambour qui fait *droum-broum*, et la guitare de lune ou *yue-qin* qui fait *miaou-min*, et le *ti-qin*, ou violon à caisse de résonance en noix de coco qui fait *mi-i-i*, et la flûte océane ou *hai-di* qui fait *doux-doux-doux*, cette marée toujours montant et s'abaissant et remontant de clameurs et de bruits — cela, c'est la Chine.

Mais, ce grand silence de la campagne chinoise, et simplement le vol ouaté des cigognes au-dessus du lac, simplement le *floc-fluic* d'un buffle qui patauge dans la rizière et dont le cuir fait ventouse avec la vase, simplement les rires des lavandières au-delà des bambous, et dans un champ, la statue d'un sage au ventre rond, au-dessus d'un tombeau, qui depuis huit siècles ne dit mot, et laisse les libellules se poser sur son nez — cela, c'est la Chine.

Mais, ce sentiment véritablement *physique* d'être tout d'un coup plongé dans une vieille civilisation, aussi agréable et vivifiant que doit l'être à la fleur coupée la sensation qu'elle ressent quand on la plonge dans de l'eau fraîche, ces visages qui sont comme lissés, lustrés, polis à force de siècles, ces mains fines et gracieuses par millions, depuis le paysan qui épand ses latrines dans son champ jusqu'au peintre qui conduit son pinceau-pensant, ces sourires pleins de sel et de soleil et de politesse, cette présence toujours concrète et savourable d'un très profond, séculaire et organique enracinement dans la diplomatie et l'art de vivre en société, cette atmosphère d'esprit qui fait des Chinois des sortes d'Italiens bridés et gutturaux, aussi gais que le sont ces Chinois d'Europe, les Italiens, l'évidence de ces quatre ou cinq mille ans d'*expérience* — cela, c'est la Chine.

Mais, cette merveille première, la main des hommes, ce continent entièrement fait à la main, où tout a été manié et remanié, la terre, l'eau, les paysages ; mais le lourd cylindre de granit que douze hommes soulèvent en cadence *Ahi !* et laissent retomber sur la terre *Ho !* — cela, c'est la Chine.

Mais, la Cité interdite, à cette heure de l'été où le soleil plante son dard intenable, perpendiculaire aux dalles de pierre blanche ; ou bien quand l'hiver donne aux aires immenses la cruauté plane d'un marais salant, quand les marches de marbre blanc encadrent le plan incliné, effleuré de chimères et de dragons sur eux-mêmes noués, où les seuls pieds de l'Empereur glissaient, avec la précaution qui sied aux majestés — cela, c'est la Chine.

Mais, les légères demeures, les pavillons aériens, les chaumières modestes, architectures de briques, bois, porcelaine, d'humble terre séchée et de papier fragile, où le toit seul importe, qui abritera des matières éphémères, et cependant promises aux siècles, puisque chaque génération saura les remplacer ; mais les demeures et les temples chinois semblables au couteau de Jeannot, toujours le même, mais dont on change tour à tour, et toujours, la lame et la poignée ; mais, assise, sur les piliers peints et carrés, qui ne songent pas à cacher leur échine ni à nier leur poids, la toiture qui déborde et s'évase, comme ces coups de pinceau dont le calligraphe harmonieux couronne un caractère (tout vient après, lorsque charpente et toit ont inscrit leur protection sur l'aire habitable. Alors les artisans cloueront les parois de bois, colleront les fenêtres de papier, gâcheront le mortier où se prendront les briques légères et bien cuites) ; mais, ces constructions de caprice apparent et de légèreté heureuse, où les chambres, les pavillons, les kiosques s'égaillent dans une nature apprêtée et nonchalante, épousent les périples de l'eau, la courbe des collines, les détours de la forêt, où l'architecture devient une branche de l'art des jardins, propose au promeneur le repos ou la halte et rythme sa démarche — ponts en dos de dromadaire, pavillons aériens, bosquets, rocailles, miroir des eaux, pagodes et terrasses qui ne sont plus que les points et virgules dont un bon écrivain ponctue sa prose lisse et qui deviennent comme la nature : invisibles à force d'évidence, et parfaitement modestes — cela, c'est la Chine.

Mais ce peuple sceptique qui a si grand respect des morts — et des vivants ; mais ce peuple d'incrédules qui a le sens de ce qui est sacré ; mais ce peuple religieux qui ne croit guère aux dieux ; mais cette longue histoire de rébellions et de révoltes, de luttes entre les incrédules et les dévots, les réactionnaires et les « progressistes » (trouvez un mot meilleur), entre le peuple et les féodaux, où les vivants furent souvent obligés de rappeler les morts au respect de l'irrespect, tel Tchou Hi, (1130-1200), qui défendit toute sa vie les droits de la raison, du libre examen, de la critique, mais dont, à peine mort, le cercueil s'élève de trois pieds et reste suspendu en l'air : son gendre se jette alors aux pieds du cercueil volant, rappelle poliment à son défunt beau-père les principes sur lesquels sa vie était fondée — et le cercueil, honteux, se repose sur le sol — cela, c'est la Chine.

Mais, ce peuple dont les superstitions mêmes sont malignes, narquoises, imprégnées d'une sagesse vive et moqueuse, et somme toute assez *raisonnables* ; mais ce peuple qui croit, avec un clin d'œil d'ironie, que les renards, quand ils ont dépassé leur centième année, peuvent se métamorphoser en homme ou en femme, séduire les célibataires ou tourmenter les avares ; mais ce peuple qui sait aussi assaisonner d'une bonne pincée de sel ses contes merveilleux de renardes-changées-en-filles : « *Il faut savoir,* dit un conte populaire, *que les renards étant plus* ying *que les hommes, peuvent leur jouer de mauvais tours ; mais cela doit s'étendre à proportion de la rectitude et de la dépravation de l'homme. Quand l'homme est dépravé, le renard, fort de sa dépravation, peut le vexer. Quand l'homme est droit, le renard craint sa rectitude et l'évite. Tous ceux qui sur la terre ont été le jouet des renards, c'est certainement que leur cœur n'était pas droit, et qu'ils leur ont donné prise. Les ivrognes qui sortent de nuit rencontrent continuellement des renards. Tout le monde dit que c'est parce que les renards aiment le vin, et que, quand ils en sentent l'odeur, ils accourent.* » Mais cette nation où le merveilleux et le fantastique sont eux-mêmes *expérimentaux* (c'est un fait d'expérience que les ivrognes rencontrent plus facilement les renards que les gens sobres. Que peut-on dire là-contre ? Rien) ; mais, cela aussi — c'est la Chine.

Mais, quand on aperçoit par les hublots de l'avion une campagne tracée au tire-ligne comme un damier, des petits champs carrés mille fois tournés, retournés, engraissés, que des paillaissons protègent du vent qui souffle du désert de Gobi, comme chez les maraîchers de Valence les melons sont protégés du mistral par des rideaux de cyprès et de paillassons-paravents — cela, c'est la Chine.

Mais, quand les champs cessent soudain d'être géométriques, quand une calotte de pierre grise nous apparaît du ciel, crâne chauve, citrouille géante, quand un monsieur barbu, rongé, se dresse au-dessus des champs de choux et de haricots verts, quand la terre se renfle comme une énorme taupinière, quand un petit paysan vêtu de bleu laboure à côté de deux gentilshommes de pierre patinés de siècles, quand le chameau du caravanier tartare croise un chameau de pierre accroupi depuis quelques siècles — ça, ce sont les tombeaux, et nous ne volons pas seulement au-dessus d'un milliard de Chinois vivants, mais au-dessus de quelques milliards de Chinois morts. Et les ancêtres, c'est cela aussi, la Chine.

Mais, déjà au IVe siècle avant notre ère, un philosophe élève sa protestation contre le fatalisme : « *Cette doctrine perverse a plu aux princes. Depuis qu'elle a cours, ils font tout ce qu'ils veulent, se permettant sans vergogne toutes les injustices, osant sans remords tous les attentats. Le fatalisme, c'est la doctrine des supérieurs tyranniques et des inférieurs désespérés. Tout homme aimant la justice et l'humanité doit s'opposer à elle de tout son pouvoir.* » Et ce passé millénaire, qui n'est pas, comme on le croit communément, une longue kyrielle de leçons de *résignation* — cela aussi, c'est la Chine.

Mais le paysan, depuis tant de siècles enfoncé dans l'argile, confondu au sol, travaillant en silence la bonne terre (la « bonne terre » ? — Je ne sais pas. Ni bonne, ni mauvaise. De tout ce qui existe au monde, les fleuves et les forêts, les champs et les montagnes, la lune et les étoiles, les tigres et les hommes, seul l'homme mérite qu'on le dise *bon*, ou *mauvais*), mais celui qui a cherché des siècles durant à se faire tout petit et invisible, à ras de terre, avec elle confondu, grâce à elle invisible et préservé, avec la ruse du caméléon, avec la prudence de ces insectes qui se font semblables aux brindilles de bois parmi lesquelles ils vivent ; mais l'homme le plus démuni de la terre, le paysan chinois, avec les trois ânes du village, les maigres poules, les maisons de terre séchée avec le *k'ang* (bat-flanc) de terre séchée, la vaisselle et les marmites de terre, les cuillers en bois, les vêtements de coton, les sandales de paille, les serviettes-éponges de bazar qui servent de couvre-chef et d'essuie-sueur aux paysans, les faux, les bêches, les araires de bois, les chariots à une seule roue, la meule à grain communale ; mais cet unique trésor : une minuscule cage de paille tressée, qui tient dans le creux de la main, gracieuse et fragile, avec une tout arachnéenne et frêle porte, qu'on peut ouvrir et fermer avec le petit doigt, et l'enfant y élève un grillon chanteur, dont le grelot futé et narquois palpite, parfumant la maison, comme un grain de cumin parfume le pain frais — cela, c'est la Chine.

Mais la Chine insoumise, où la tête du paysan chinois a si souvent tourné aux vents de la faim et de la colère, a si souvent fini par tomber de ses épaules, parce qu'il avait tenté d'en faire basculer le fardeau qui l'accablait ; mais la Chine des incessantes jacqueries paysannes qui incendient, de demi-siècle en demi-siècle, l'horizon de la « Jaune terre » ; mais la Chine des rebelles, des *brigands*, la Chine perpétuellement insurgée du Chevalier des Vertes Forêts, du Hors-la-Loi Admirable, du Bandit Superbe et Généreux ; mais la Chine où dans tous les théâtres, des tréteaux de village aux scènes de Pékin, la salle entière frémit quand surgit, maquillé de vert pour signifier sa vie de maquisard, de rouge pour signifier son courage, de noir et de blanc pour signifier sa générosité, le Redresseur de Torts — cela aussi, c'est la Chine.

Mais ce très vieux pays, cette longue habitude de ne pas s'habituer trop longtemps à la crédulité ; ce vieux pays où le plus beau monument du passé, c'est l'homme vivant ; mais ce pays où chaque nouveau-né qui vient au monde est le *profiteur,* conscient ou inconscient, de tout un acquis de victoires et de rébellions, de souffrances et de bonheurs, de magies et de sciences ; mais ce pays où le dernier venu n'est jamais le *premier venu* — cela, c'est la Chine.

Mais... il y a encore beaucoup d'autres *mais*.

Cependant il faut se souvenir du vieux truc de Pascal, tenir serrés les deux bouts de la vérité et embrasser de l'un à l'autre tout l'*entre-deux*. La vérité de la seule géographie qui m'intéresse, je veux parler de la *géographie humaine*, est faite de deux constatations qui ont l'air absolument contradictoires — mais ce n'est pas vrai.

La première constatation, c'est celle d'un monde tout bigarré de différences, où il se fait dans la création un prodigieux gaspillage d'imagination, où jamais le dessin d'une nervure de feuille n'a son double dans l'histoire « milliardénaire » des feuilles, où personne n'est arrivé jamais à se baigner deux fois dans le même fleuve, où personne ne ressemble absolument à personne, où les pays ont leurs climats, tous particuliers, les peuples leurs manières, bizarrement différentes, et les individus, leurs façons d'être qui ne sont jamais exactement la vôtre, ni la mienne, ni celle du voisin d'à côté. Et, si nous nous laissons aller, nous n'en aurons jamais fini de nous distraire au spectacle de toutes ces variétés de l'espèce humaine, de ce grand spectacle permanent que nous offre un monde où nous voyons les coutumes, les mœurs, les croyances, les idées, les menus et les philosophies tirer à hue et à dia, à l'Est et à l'Ouest, à gauche et à droite, à tort et à travers.

La seconde constatation, c'est celle d'un monde tout strié de ressemblances, et rythmé d'analogies, où l'écorce des arbres, leurs feuilles et leurs ramures sont infiniment variables, mais la sève toujours identique.

La façon qu'ont les mères d'aimer leurs petits, de les bercer, de les chanter et enchanter, la façon qu'ont les jeunes filles de rougir sous le regard des jeunes gens, la façon qu'ont les riches d'être riches, et les pauvres d'être pauvres, c'est partout même façon. Les mots changent, et les couleurs du ciel, de la terre, des croyances, mais quand on gratte un peu l'écorce des apparences, la singularité des détails s'estompe pour laisser apparaître la généralité des structures. L'amateur de grande poésie et le curieux de folklore savent bien que tous les peuples du monde se rejoignent par la base et par les sommets. Il est probable que les idées, les goûts, les superstitions et les plaisirs de la *nomenklatura* chinoise diffèrent singulièrement de ceux de la bourgeoisie française ou américaine. Mais, entre une berceuse du Kiang-si et *Dodo l'enfant do*, entre les chansons d'amour du Che-king et les virelais de notre Moyen Age, entre les images d'Épinal et les images de Nouvel An chinois, entre les papiers découpés des paysans polonais de Cracovie et les papiers découpés des paysans chinois du Chantong, nous n'avons pas de mal à découvrir un peu plus qu'un air de famille, car l'air et la chanson sont de la même famille. Si les racines de l'art et de la culture sont enfoncées partout dans le même terreau monotone et commun de sentiments, de souffrance et de joies, l'oiseau du ciel qui chante au sommet de tous les arbres parle partout un langage parent. Avant d'être un philosophe taoïste du IVe siècle avant notre ère, Tchouang-tseu est le proche parent de tous les dialecticiens de la malice et de la grande sagesse, le cousin germain de Socrate et de Montaigne, de Voltaire et de Lewis Carroll (mais oui, ne grincez pas des dents, réfléchissez-y avant). Li Po est, bien sûr, un poète chinois de la dynastie T'ang, il fut ami de Tou Fou et amateur de vin. Mais il est aussi le frère au teint jaune d'Horace et d'Omar Kayham, de Ronsard et de Keats (mais oui, et je suis tout disposé, s'il le faut, à soutenir en Sorbonne une thèse sur l'étude des thèmes de la fuite du temps et de l'ivresse dans les poésies chinoise, latine, française et espagnole). Les hommes diffèrent au milieu, et se retrouvent à ras de terre et à clair de ciel.

On peut déduire plusieurs vérités de la première constatation. Par exemple ceci : les variations des coutumes humaines nous enseigneraient le peu de valeur de ces coutumes. Les conventions n'auraient aucune importance : l'essentiel pour une société humaine ce serait d'accepter des *conventions*. Peu importerait la règle du jeu : l'essentiel étant d'en observer une. (Mais ce n'est pas si simple.) On peut déduire, de la seconde constatation, l'absurdité des querelles où les hommes s'affrontent et se déchirent, en s'hypnotisant sur ce qui les sépare, au lieu de se concentrer sur ce qui les unit. Les réflexions des premiers sceptiques sont devenues les lieux communs de Monsieur Tout-le-Monde : *Vérité au-deçà des Pyrénées, erreur au-delà*, ce n'est plus une pensée de Pascal, c'est un proverbe de la sagesse des nations. Et Montaigne ne fait, après tout, que formuler une pensée courante : « *Ce grand monde,* dit-il, *que les uns multiplient encore comme espèces de l'humain genre, c'est le miroüer où il nous faut regarder pour nous connoistre de bon biais... Tant d'humeurs, de sectes, de jugements, d'opinions, de loix et de coustumes nous apprennent à juger sainement des nostres, et apprennent nostre jugement à reconnoistre son imperfection et sa naturelle foiblesse : qui n'est pas un légier apprentissage.* »

Qu'irons-nous chercher à l'autre bout du monde — en Chine, par exemple ? C'est ce qu'il faut peut-être se demander avant l'appareillage.

On peut voyager pour bien des raisons, et chercher dans le déplacement divers plaisirs (ou divers profits : il arrive que ce soit la même chose). Pierre voyage pour se changer les idées. Et Paul pour vérifier les siennes. Jean cherche à se saouler les yeux. Et Jacques à saisir la constance des hommes. Louis n'est intéressé qu'à démentir ce qu'il a de plus assuré. Mais André satisfait ses manies sous toutes les latitudes. Tel bouge pour se perdre de vue, et cet autre n'emporte avec soi que soi. Chaque voyageur a son ombre : aucune n'est tout à fait superposable aux autres.

Quand je cherche les raisons les plus valables que j'ai d'aimer *voir du pays*, elles se réduisent peut-être à celle-ci : aller *ailleurs* est profitable à qui cherche à se conduire heureusement avec ceux d'*ici*. La fréquentation des Chinois, qui ne font rien comme nous, mais pensent et sentent en définitive comme vous et moi, qui mangent du riz au lieu de pain, lisent de haut en bas et de droite à gauche, au lieu de lire de gauche à droite et horizontalement, qui tiennent le blanc pour la couleur du deuil, et le rouge pour celle des noces, le commerce de ces *semblables* si dissemblables m'instruit dans l'art de fréquenter, d'accepter et d'aimer mon voisin d'à côté. Lui non plus ne fait rien comme les autres (c'est-à-dire rien comme moi). Ses manies m'irritent, ses goûts m'horrifient, ses idées me hérissent, ses démarches m'étonnent. Mais quoi : il me faut le supprimer — ou bien le prendre comme il est. C'est-à-dire (finalement) me prendre comme je suis. Ce que nous rapportons de plus assuré des voyages, c'est une leçon, non pas de résignation ou de « tolérance » (faut-il tolérer l'intolérable ?) — mais d'*intelligence*. Ces Chinois lointains m'apprennent à mieux regarder ces Français si proches. Sans doute ne sont-ils pas plus étonnants, ni moins. Ce n'est pas un vain travail que de voir divers pays — si l'on peut en rapporter le grand secret premier du commerce des hommes : qui est de les accepter. Sinon, sur la route qui conduit de la haine du Blanc pour le Jaune à la haine de l'« Aryen » pour le Juif, où s'arrêtera-t-on ? Le brun voudra anéantir les roux, le maigre les gros, le glabre les barbus. C'est une sagesse assez modeste, sans grande ambition, mais belle, celle qui permet de reconnaître aux hommes, si différents, si ressemblants, le droit d'être — et d'abord d'être vivants.

Comme je m'étonnais, à Pékin, de tant de jugements contradictoires, de visions contrastées et d'éclairages opposés dans les récits des voyageurs européens à leur retour de Chine, un ami poète me conta un apologue classique :

« Un moine, un bandit, un peintre, un avare et un sage voyageaient de compagnie. Un soir, à la tombée de la nuit, ils s'abritèrent dans une grotte. — *Peut-on concevoir un lieu plus propre à établir un ermitage ?* dit le moine. — *Quelle retraite, pour des hors-la-loi !* dit le bandit. Le peintre mumura : — *Quel prétexte pour le pinceau que ces rocs et les jeux de la torche avec leurs ombres !* L'avare reprit : — *Pour cacher un trésor, cet endroit est excellent !* Le sage les écoutait tous les quatre. Il dit : — *Quelle belle grotte !* »

L'apologue que me contait mon ami m'est souvent revenu à l'esprit, de Chen-yang à Canton. Car nos intérêts les moins avoués dirigent très souvent nos jugements les plus péremptoires. On ne s'en aperçoit nulle part mieux que dans le domaine de ces lieux communs mal vérifiés qui fondent la « psychologie des peuples ». La plupart des voyageurs ne trouvent pas ce qu'ils apportent — mais ce qu'ils cherchent. Les lois de notre vision sont celles de notre nécessité. Nous ne pouvons libérer nos regards qu'en prenant conscience de ce que Gaston Bachelard nomme notre *projet*, pour le rendre enfin valable.

L'utile travail de voir divers pays m'a conduit à me méfier profondément de toute phrase qui commence par : *Ces gens-là...* Je hais toute pensée qui s'achève par : *... ne nous ressemblent pas, d'ailleurs pas moyen de jamais les comprendre.* L'énigme de l'âme slave, le magique secret égyptien, le mystère de l'Asie appartiennent à ce redoutable arsenal des formules faites sur mesure pour rassurer nos soucis, parce qu'elles font de nos paresses un principe, et de nos ignorances un dogme.

Périodiquement, les allers et retours d'un balancier bêtement mécanique font passer les hommes des illusions d'une universalité hâtive à l'illusion de différences radicales. Une vision du monde et une conception de l'esprit humain qui se veulent « de gauche » projettent le schéma simpliste d'une humanité harmonieusement pareille et commodément identique, où le Français et le Chinois, le Picard et le Breton, le Toscan et le Sicilien n'ont qu'à jouer sagement leur rôle unique de fourmis centralisables et réductibles à merci. Une vision du monde non moins chimérique et une conception de l'homme non moins redoutable mettent au contraire l'accent sur la disparité et les différences, opposant au discours sur l'universalité un discours aristocratique sur l'inégalité. Il arrive d'ailleurs parfois que la pensée « de gauche » et la pensée « de droite » occupent simultanément le même terrain théorique, reconnaissant en chœur l'importance des différences, dont les uns déduisent la Cité idéale où chacun fait ce qui lui plaît selon ce qu'il est, tandis que les autres soulignent la *différence*, la transformant en supériorités ou infériorités, déduisant de cela la Cité aristocratique, où les Blancs commandent aux « hommes de couleur », les intelligents aux sauvages, les « meilleurs » enfin (ceux qui disent qu'ils le sont) à tous les autres.

Sur les deux versants (également mensongers si l'on n'en aperçoit et privilégie qu'un seul) de cette vérité double — que les hommes sont humains, et que cette humanité est très variée —, ce qui l'emporte également, c'est le recours au mystère : le mystère de cette immuable et fausse identité de tous, ou le mystère de cette irréductible différence de chacun. La clef de ce mystère est cependant bien simple : c'est à partir de ce que les hommes ont en commun que s'épanouissent leurs différences. Si jamais une feuille n'est identique à une autre feuille, c'est qu'elles ont toutes le même tronc et les mêmes racines.

Le « mystère » d'une inégalité radicale voulue par Dieu ou par la biologie, le « mystère » d'une « âme orientale » impénétrable et irréductible à l'« âme occidentale » sont tous les deux absurdes. Car il est peu de mystères qui ne soient d'abord déraison, peu d'énigmes qui ne soient définies par les seules limites de notre connaissance. L'insondable Asie n'est insondable que pour notre inculture. Mais les hommes ont cette faiblesse de redouter ce qu'ils méconnaissent. Le mystère de l'Asie est un slogan facile qui annonce et postule celui, encore plus niais, du *péril jaune*. La frontière de notre peur est aussi celle de notre science. C'est vrai en Orient, comme partout. De la Chine, comme des autres nations.

La dialectique vulgaire de l'homme blanc en face de l'Asiatique l'a fait passer rapidement de l'étonnement à la cruauté. On commence par dire : *Ces gens-là sont incompréhensibles* pour conclure par... *et ils ne comprennent que la trique*. Mais d'abord qui sont *ces gens-là* ? Et que savons-nous d'eux ? Marco Polo en savait plus sur la Chine que les voyageurs du XIXe siècle, qui en savaient davantage que les soldats du XXe siècle. C'est que le passage de la découverte émerveillée à l'exploitation honteuse, et de celle-ci à la répression sanglante, n'est pas l'histoire d'un progrès de l'esprit, ni d'une avancée de notre conscience. Les idylles exotiques de Pierre Loti dissimulent un obscurcissement graduel de notre vision. Tout pittoresque est duperie, quand il met l'accent sur les différences superficielles, en prétendant qu'elles épuisent l'analyse. La diversité des cultures, des civilisations et des sociétés n'apparaît dans sa richesse réelle qu'à ceux qui ont su d'abord découvrir les ressemblances profondes.

Certes, j'aimerais beaucoup être assuré que « tout comprendre » signifie aussi « tout pardonner », que les peuples se querellent ou se déchirent seulement dans la mesure où ils se font les uns des autres des idées absurdes, et sans fondement. Il n'est (malheureusement) pas vrai que tous les maux — désordres, oppressions, guerres — soient simplement des *malentendus*, ni que tous nos malheurs s'enracinent uniquement dans nos ignorances. Ce serait incliner vers un optimisme facile et dangereux, de croire que la seule intelligence du vrai suffira à assurer le salut du monde. Il est des hommes pour voir le bien avec une extrême lucidité, et pour choisir le mal avec une extrême fermeté : cette observation avait déjà dix mille ans au temps d'Ovide. Il arrive aussi (quoique rarement) à la haine d'être clairvoyante, à la méchanceté pure d'être pénétrante.

Mais, même si nous ne sommes pas certains qu'il suffise de *comprendre* pour *résoudre*, et que l'intelligence forte soit, par elle-même, conciliatrice, notre premier devoir est pourtant de tenter de comprendre.

Substituer des réalités aux illusions, des faits aux fables, des vérités aux mythes, et des hommes aux moulins à vent, est une entreprise honorable, utile. Je crois à la sagesse du langage commun : vivre en mauvaise intelligence est (en effet) le signe d'une intelligence malhabile, débile ou dévoyée. Les nations qu'on dit de l'Est et de l'Ouest, de l'Occident et de l'Orient, Extrême ou Moyen (comme si les points cardinaux opposaient les vertus cardinales aux vices cardinaux), vivent aujourd'hui en trop mauvaise intelligence pour que nous ne tentions pas, désespérément, calmement, d'être (avant tout) intelligents.

C'est dans les lacunes de nos notions les plus banales sur les cultures de l'Asie et son histoire que prennent aujourd'hui racine les fautes des politiques, l'aveuglement des militaires et l'étonnement des exploiteurs. Nous avons vécu pendant des siècles sur un petit fond de connaissances et de faits qui sont à l'histoire véritable de la Chine, par exemple, ce que la partie visible de l'iceberg est à sa profondeur sous-marine. Nous avons recueilli avec beaucoup de mal et de lacunes l'histoire que nous transmettaient les annalistes, c'est-à-dire celle des dynasties, des castes dirigeantes et des aristocraties au pouvoir. « *Les annales dynastiques,* fait observer Marcel Granet, dans son livre magistral sur « *La Civilisation chinoise* », *ne s'intéressent qu'à la vie de cour et aux hauts personnages.* » Et le grand sinologue français, au terme d'une étude minutieuse des documents sur lesquels nous fondons notre connaissance de la Chine ancienne, est amené à mettre l'accent sur l'étendue de ce qui nous échappe, davantage encore que sur l'importance de ce qui nous est connu. « *Nous ne savons rien,* dit encore Granet, *ou à peu près rien, sur la vie réelle des classes industrieuses, sur le rôle des villes dans l'économie générale*... *L'histoire, par l'effet d'une tradition aristocratique, a négligé d'enregistrer les mouvements de masse.* »

Ainsi, nous nous trouvons en face de la culture antique chinoise, et c'est vrai de toutes les cultures de l'Asie, à des degrés divers, dans une situation analogue à celle d'un voyageur qui ne se formerait une image de la France que par ses élites, vraies ou prétendues, et qui ne devinerait rien des forces qui les meuvent, des profondeurs qui les nourrissent et du peuple qui les suscite. Alors que devant les chefs-d'œuvre de la peinture chinoise, comme devant ceux des artisans de deux mille ans de travail chinois, nous sentons constamment la proche présence de sensibilités et d'esprits dont rien d'*essentiel* ne nous sépare. Wang Wei qui peignait et écrivait dans la première moitié du VIIIe siècle, et Houang K'iuan qui créait son œuvre au Xe siècle, sont plus près de nous que Bouguereau, Marcel Baschet ou Salvador Dali. Mais nous continuons inconsciemment à entretenir ce mythe dans lequel on voit un esprit aussi puissant qu'Élie Faure tomber lui-même, le mythe d'une Chine qui serait impénétrable, insondable, infranchissable par nos esprits d'Occidentaux. Il n'y a pas que dans le désert, les montagnes et les steppes que s'érige une Muraille de Chine séculaire. Il en est une autre, bien plus pernicieuse que celle qui séparait l'Empire du Milieu des marches barbares, et qui prétend interposer, entre une longue histoire et nous, l'écran des fausses énigmes. Tout ce qui nous échappe encore et nous intrigue dans les manifestations de l'esprit, de l'art, de la pensée ancienne ou moderne des grands peuples d'Asie vient de notre méconnaissance des conditions de vie, des problèmes quotidiens, des pensées les plus banales et les plus répandues, non pas d'une aristocratie privilégiée, mais de la masse même des peuples. Ce qui est vrai de l'histoire la plus reculée, reste vrai de notre temps. Nous n'aurons renversé les Murailles de Chine et relevé les rideaux de fer que lorsque l'homme lui-même, et non plus seulement ceux qui se sont prétendus, à tort ou à raison, ses délégués devant l'histoire, sera devenu le sujet de nos recherches et l'objet de notre curiosité. Nous aurons commencé à comprendre notre propre pays, la France, lorsque l'histoire des batailles et des rois sera complétée par l'histoire du peuple qui livrait les unes et était livré aux autres, lorsque l'histoire de France sera devenue vraiment l'histoire des Français.

En Chine, comme partout, dans l'intelligence du passé comme dans la compréhension du présent, la première condition de l'objectivité est de renoncer à une attitude rétractée de l'esprit au profit de l'ouverte curiosité du cœur. Il faut substituer à la recherche gourmande de l'*exotisme* l'appétit violent de la *permanence* profonde, et toujours préférer à la couleur locale la couleur humaine.

2

L'amateur de poèmes et l'amant s'éveillent parfois devant l'objet de leur joie en se demandant avec stupeur : « Mais qu'est-ce que je lui trouve ? » La réponse pourrait bien être que justement Tristan ne *trouvait* pas Yseult là où il l'avait laissée, qu'il lui fallait toujours la poursuivre, l'interroger avec les mots ou le silence, le regard ou les caresses, pour parfois (et pas toujours) la retrouver. Le poème que nous connaissons par cœur, il y a toujours un moment où il nous échappe. Nous avons pu essayer de le « démonter » vers par vers, d'en entrevoir la structure cachée, de comprendre « comment c'était fait », nous découvrons pourtant ce que nous avons toujours su : que le cœur a des raisons que la raison ne connaît pas. Ce qu'on aime et admire ressemble toujours un peu à cette créature ambiguë qui apparaît et disparaît, qu'on rencontre quand on ne l'attend pas et qu'on ne voit plus revenir quand on l'attendait. Celle que K'iu Yuan (vers 340-278) a décrite dans un de ses poèmes :

> Robe de nénuphars, ceinture d'orchidées,
> Qui arrive soudain, repart comme l'éclair.
> Qui passe la nuit aux jardins de l'Empereur du Ciel,
> Comment le/la retrouver au milieu des nuées ?

De toutes les amours que l'esprit connaît pour insensées, et dont le cœur est cependant assuré qu'il ressent le feu, le plus insensé c'est peut-être, pour un

Français, l'amour de la poésie chinoise. Je suis ce fou : j'aime depuis des années, malgré les obstacles quasi insurmontables de la distance et du temps, de la culture et des traditions, de la langue et de l'écriture, la plus intraduisible et la plus intransmissible des poésies.

« Il n'y a pas d'amour heureux » : mais l'amour seul peut rendre heureux. Je n'ai cessé depuis mon adolescence d'aimer la poésie chinoise ; d'en entreprendre sans bonheurs ni persévérance l'étude, et celle de la langue, qui m'a dominé sans que je la maîtrise ; de tenter de faire renaître avec des mots français le mirage admirable entretenu avec constance ; d'échouer à le saisir, et de me réjouir parfois d'être parvenu (peut-être) à le faire pressentir.

Je n'ai pas eu l'ambition ici de dresser un tableau complet de la poésie chinoise : les travaux collectifs des sinologues n'y parviennent même pas. Certains poèmes importants, qui constituent des *repères* historiques, philosophiques ou littéraires essentiels de la culture poétique chinoise, se sont dérobés à mes tentatives. Je n'ai pas la *veine épique*, et j'ai renoncé à affronter beaucoup de poèmes de haute époque, cependant admirables. On ne trouvera ici qu'un échantillonnage subjectif des promenades d'un flâneur émerveillé. Je n'ai pas écrit ce livre : il s'est écrit avec les années. Ce n'est pas une encyclopédie, c'est seulement l'herbier de mes plaisirs. J'ai commencé à traduire des poèmes chinois au bord du lac de Hang-Tcheou, avec mes amis Tcheng Ting-ming, Wen Kia-tsé et Yang Tan-houa en 1952. J'ai continué à Pékin, en m'aidant des conseils inappréciables des professeurs Lo Ta-Kang, Wang Hia-ts'ieou. Un de ceux qui m'encouragèrent le plus dans cette entreprise à la fois délicieuse et désespérée, le romancier Lao Che, a trouvé la mort en octobre 1966, pendant les événements de la « Grande Révolution Culturelle ». Je n'oublierai jamais son sourire, sa culture, son ironie bienveillante, ni l'amour qu'il portait à la culture chinoise.

Je n'aurais pas persévéré dans cette passion collectionneuse sans le secours, les conseils, la collaboration et l'amitié de tant de connaisseurs chinois, français, anglais ou italiens. Je veux remercier ici ceux sans lesquels la poésie chinoise m'aurait donné moins de bonheurs, et rendre grâce à mes amis Zao Wou-ki et May, à Tchen Tchan-houan, à Wang Tchen-tche.

Mais je n'aurais pas mené cette entreprise à un terme qui n'est pas un *achèvement* sans l'amicale vigilance de Jean Levi. Et je ne sais auquel je dois le plus de reconnaissance, de mes deux amis et complices : au Chinois de Paris Zao Wou-ki, ou au Parisien de Pékin, Jean Levi.

Un très bon sinologue, Jean-Pierre Diény, traducteur et exégète des *Dix-neuf poèmes anciens*, écrit : « *La saveur de l'œuvre s'évanouit dans sa transplantation. Si l'on ne peut, pour la retrouver, se faire Chinois, il reste un pis-aller.* » J'ai choisi le pis-aller, plutôt que de ne pas aller du tout. J'ai tenté l'impossible, ce que George Steiner appelle la traduction *poem into poem*. Travail (et plaisir) de voleur, qui d'un poème chinois tire un poème français, un *autre* poème, mais, si on a eu du bonheur, ce poème est peut-être l'ami intime du poème dans l'autre langue. Si tout se dérobe et nous fuit de l'original, on peut essayer pourtant de capter l'émotion de l'ancien poète dans les mots menteurs d'un poète contemporain. Tenter de faire du poème-équivalence ce « mensonge qui dit la vérité » sur le modèle chinois qu'il dévalise.

Les poux qu'on cherchera et trouvera dans ma tête sont les miens. Ni mes amis chinois, ni mes amis sinologues ne sont responsables des *libertés* volontaires qu'il m'est arrivé de prendre ici et là avec la lettre mais (je l'espère) non avec l'esprit. Les fautes de l'auteur doivent être pardonnées à ceux qui n'en sont en rien coupables. Si j'ai musé, me suis amusé ou ai fait des détours, ce n'est pas que mes complices chinois ou français m'aient mal instruit des nuances du texte. Quand je l'ai tiré à moi, c'était pour l'attirer à nous sans le retirer de son origine. Je plaide bien sûr coupable. En demandant seulement le bénéfice des circonstances atténuantes.

3

L'histoire des progrès de la science de la Chine en Occident depuis le XVIIIe siècle ne coïncide pas totalement avec l'histoire des besoins culturels que la Chine a en partie satisfaits. Les Jésuites, qui seraient peut-être parvenus à christianiser la Chine si le pape ne les avait condamnés pour avoir tenté de siniser le christianisme, étaient de meilleurs « sinologues » que Diderot, dont l'article *Chinois* de l'*Encyclopédie* est cependant une date capitale de la rencontre Orient-Occident. Les orientalistes de la fin du Second Empire étaient peut-être plus « sérieux » que l'auteur des *Rêves et l'art de les diriger*, le marquis Hervey Saint-Denys, dont cependant la traduction des *Poésies chinoises* de l'époque Thang (1862) et celle de Li Sao (1871) font surgir enfin la poésie chinoise classique dans le domaine littéraire européen, confiné jusqu'à lui dans les frontières des lettres gréco-judéo-latines.

La sinologie de la fin du dernier siècle, l'École Française d'Extrême-Orient, mérite plus de crédit que les molles paraphrases de poèmes chinois proposées par Judith Gautier, médiocre écrivain, ou par Georges Soulié de Morant, qui n'était pas un guide très sûr. Mais ce sont sans doute ces pauvres transpositions qui ont suscité la véritable poésie de Victor Segalen et du jeune Paul Claudel, où s'accomplissent les noces alchimiques de l'Est et de l'Ouest.

Les travaux des orientalistes anglo-saxons depuis le début de ce siècle sont de tout premier ordre. Mais on ne sait qui a fait les dons les plus précieux à la poésie, d'Arthur Waley, qui possédait à fond le chinois et le japonais, et fut un grand poète-traducteur, ou d'Ezra Pound, qui a écrit de superbes traductions du *Che-king* et des poètes chinois de *Cathay*, en s'appuyant sur le savoir et les mots à mots de son maître Ernest Fenellosa.

Et le plus Chinois des Allemands, Bertold Brecht, extraordinaire re-créateur dans sa langue des poètes d'une langue qu'il ignorait, empereur malin d'une Chine aussi rêvée que son Amérique d'avant l'exil, où Se-Tch'ouan et sa bonne âme sont aussi imaginaires (et vraies) que Chicago et Mahagonhy, Brecht n'a aimé et senti la Chine qu'à travers les traductions de Waley et des sinologues allemands.

Si je m'abrite derrière le mauvais exemple de ces grands modèles, Diderot, Pound, Brecht, ce n'est pas pour prétendre les égaler, mais pour leur demander de m'écrire la fameuse « lettre d'excuse » que les écoliers demandent à leurs parents.

Au moment où le temps du monde fini commence, la poésie s'aperçoit qu'elle peut « passer la ligne ». Que l'Est soit l'*opposé* de l'Ouest, et l'Asie incompréhensible, nous commençons d'en douter. Comme de douter du mythe sacré de la poésie intransmissible.

Cependant aimer un poème chinois, pour qui est né entre Flandre et Languedoc, a été formé par le b a - ba, ne fut pas initié dès l'enfance à une écriture de signes et de symboles enchevêtrés, pour qui la nuit des temps c'est Vercingétorix et Charlemagne, et non l'Empereur Yu, le Maître des Eaux légendaire, ou le grand Empereur Ts'in, aimer la poésie chinoise quand on a grandi dans une terre de chênes et de roseaux et non dans un horizon de lotus et de bambous, c'est une entreprise aussi absurde que celle de ces héros de fable acharnés à rejoindre une princesse si lointaine et si bien défendue qu'il faut, pour l'atteindre, franchir, dans le labyrinthe aux flancs de la montagne, l'une après l'autre, les sept portes redoutables, la porte de bois qui ouvre sur une porte de fer, qui ouvre sur une porte de bronze, qui ouvre sur une porte de cuivre, qui ouvre sur une porte d'argent, qui ouvre sur une porte d'or, qui ouvre sur une porte de cristal. Qui ouvre (sans doute) sur le rien.

Pour laisser pressentir la séduisante difficulté de traduire un poème chinois, prenons par exemple un poème de celui qui fut le plus grand fondateur et reformateur de la poésie antique, l'Empereur Wou de la dynastie Han. Je prends ce poème parce qu'il appartient à une très haute époque. La poésie chinoise des siècles suivants sera de la poésie greffée sur de la poésie, tissée d'allusions-citations, de réminiscences volontaires. Ici, nous avons affaire à un poème qui nous apparaît (peut-être à cause de notre ignorance) un peu moins riche de souvenirs littéraires antérieurs à lui, de suggestions ou d'allusions historiques, de *mémoire*. La disparition d'une femme qu'aimait l'Empereur ne lui inspire ni grands cris, ni plaintes éloquentes : à peine un murmure. La forme est celle d'un *yue-fou* de six vers de cinq syllabes rimés :

luo	mei	xi	wu	sheng	
(lo	mei	si	wou	cheng)	
Soie	Manches	Hélas	Pas (non)	Son (bruit)	
yu	qi	xi	chen	sheng	
(yu	Ts'i	si	tch'en	cheng)	
Jade	La cour	Hélas	Poussière	Croître	
su	fang	lang	er	jimo	
(sou	fang	leng	eul	kimo)	
Vide	Chambre	Froid	Et	Silence-Immo-	
				bile-Seul	
luo	yo	yi	yu	ch'ong	jimg
(lo	ye	yi	yu	tch'oung	kiong)
Tomber	Feuille	Reposer	Sur	Double	Seuil-Porte
wang	bi	mei	zhinü	xi an	de
(wang	pi	mei	tche-mu	si ngan	te)
Appeler-Cher-	Cette	Beauté	(Particule)	Femme Ah !	Où
cher					Trouver
gan	yu	xin	zhi	wei	ning
(kan	yu	sin	tche	wei	ning)
Sentir	Mon-mien	Cœur	(Particule)	Pas encore	Bien A
Ressentir					l'aise

Il existe au moins quatre versions anglaises du poème de l'Empereur Wou. Vers 1900, Giles emploie un vers octosyllabique rimé. Ezra Pound en 1908 prend avec le texte des libertés admirables, qui dédaignent la rime. Arthur Waley est plus fidèle, et ramassé. Amy Lowell amollit et paraphrase plutôt qu'elle ne resserre et cerne.

H. A. Giles :

> The sound of rustling silk is stilled,
> With dust the marble courtyard filled
> No footfalls echo on the floor,
> Fallen leaves in heaps block up the door...
> For she, my pride, my lovely one is lost.
> And I am left, in hopeless anguish tossed.

Ezra Pound :

> The rustling of the silk is discontinued,
> Dust drifts over the courtyard,
> There is no sound of foot-fall, and the leaves
> Scurry into heaps and lie still,
> And she the rejoicer of the heart is beneath them :
> A wet leaf that clings to the threshold.

Arthur Waley :

> The sound of her silk skirt has stopped.
> On the marble pavement dust grows.
> Her empty room is cold and still.
> Fallen leaves are piled against the doors.
> Longing for that lovely lady
> How can I bring my aching heart to rest ?

Amy Lowell :

> There is no rustle of silken sleeves,
> Dust gathers in the Jade Courtyard.
> The empty houses are cold, still, without sound.
> The leaves fall and lie upon the bars of doorway after doorway.
> I long for the Most Beautiful One ; how can I attain my desire ?
> Pain bursts my heart. There is no peace.

Avec les traducteurs chinois et français de Pékin que dirige entre 1939 et 1945 André d'Hormon, le poème Han devient curieusement verlainien, et « fin de siècle ». La brièveté du vers chinois de cinq monosyllabes est préservée. Mais la plupart des traductions *savantes* du chinois en français utilisent bizarrement un « vocabulaire poétique » emprunté aux poèmes de Samain, Dorchain, et du plus mineur des Verlaine : le vent y devient spontanément *l'aquilon*, la porte *le vantail*, une onde est toujours *argentée*, un cœur normalement est *meurtri*, etc. Ainsi le poème de l'Empereur Wou est assez fidèlement traduit, et parfaitement, scrupuleusement, totalement (me semble-t-il) trahi :

Ses manches de gaze
Ont cessé de bruire.
Aux dalles de jade
A crû la poussière.
Froide et silencieuse
Est la chambre déserte.
Au vantail clos
Les feuilles mortes s'amoncellent.
Mes yeux cherchent encore
Celle qui fut si belle !
Peut-elle, à présent, s'émouvoir
Du deuil de mon âme inquiète ?

Le poème est « traduit ». Il reste à tenter de le réanimer. Le premier devoir du présomptueux qui tente de saisir l'esprit de ce poème, c'est d'essayer d'en préserver la concision et le caractère rythmé, d'employer donc un mètre court. Quitte à augmenter le nombre des vers, j'ai utilisé le rythme de vers de six syllabes non rimés, et préféré le risque de la platitude à celui de l'amplification « poétique ». Voici le résultat de plusieurs semaines d'un travail absurde, délicieux (et désespéré) en collaboration avec Lo Ta-Kang :

> *Le froissement s'est tu*
> *de ses manches de soie*
> *La poussière ternit*
> *la cour dallée de jade.*
> *La chambre vide est froide*
> *Silence. Vide. Solitude.*
> *Sur le pas de la porte*
> *tombent les feuilles mortes*
> *Celle qui n'est plus là*
> *comment la retrouver ?*
>
> *Ô cœur rempli de larmes !*

Un excellent travail d'érudition comme celui de M. Jean-Pierre Dieny sur un texte célèbre, les *Dix-neuf poèmes anciens* de la dynastie Han, creuse sous chaque vers un petit vertige de savantes incertitudes. Pour dix-neuf pages de traduction, Dieny en écrit cent dix-neuf de commentaires interrogateurs. Le thème lui-même d'un poème est sujet aux plus savants des doutes : cette séparation, est-ce celle d'une épouse que son mari quitte pour aller en guerre, ou bien répudie ? Qui parle ici : celui qui reste, ou celui qui part ? Tel mot peut signifier : « Nous ne sommes pas riches, et la fête sera brève » ou bien : « La vie est courte, profitons de l'instant présent. » Une forme interrogative peut avoir la valeur d'une négation ou (au contraire) d'une affirmation. Les traducteurs du chinois, constate M. Jean-Pierre Dieny, « *à chaque pas ont dû choisir entre plusieurs sens possibles ; en intro-*

duisant ici un sujet, en spécifiant là une forme verbale, ils ont clarifié et simplifié l'original ; en présentant littéralement tel voyageur pour un voyageur, telle épouse abandonnée pour une épouse abandonnée, ils ont privé ces rôles traditionnels de toutes leurs implications. Le lecteur chinois, qui découvre dans ces Dix-neuf poèmes *un trésor inépuisable, s'émerveille sans fin. Le lecteur occidental, qui ne perçoit de ces richesses qu'un reflet léger, d'une fausse limpidité, ne leur accorde qu'un coup d'œil* ».

Si l'on veut mieux entrevoir encore l'étendue de la folie, cependant nécessaire, délicieuse, et en définitive très sage, qui consiste à se donner joie et enrichissement d'un poème chinois, quand on est occidental et français, voici un autre exemple, celui d'un des poèmes les plus célèbres de Li Po. Il vécut entre l'an 701 et l'an 762 sous la dynastie des Empereurs T'ang, et l'un de ses amis le nomma *l'Immortel exilé sur la terre*. A l'époque où Li Po écrit ce poème, *Chant sur la rivière*, la France est envahie par les Sarrazins, le trône des rois mérovingiens est disputé entre les prétendants, Rome est assiégée par les Barbares, Byzance est en proie à des révoltes violentes, l'Islam est secoué de rébellion et de luttes de palais. De la poésie occidentale de l'époque, il ne nous reste que des vers en bas latin, que nous ne réapprendrons à trouver beaux qu'après des siècles de décri. Il faudra attendre plus d'un siècle, pour voir apparaître en 881 le premier texte poétique en langue vulgaire dont la France ait conservé la trace, la *Cantilène de sainte Eulalie*, rédigée dans une langue qui n'est plus le latin, et pas encore la langue d'oc ni le français. Un des grands médiévistes contemporains, Georges Lote, écrit calmement : « *Il ne semble pas, quand on considère les premiers monuments de notre littérature versifiée, que celle-ci soit appelée à un magnifique avenir. On n'y voit que des syllabes péniblement assemblées, dont la forme est étriquée, pesante et sans ampleur.* » Mais la poésie chinoise à la même époque connaît un de ses grands âges classiques.

Quand Li Po commence à écrire, l'unité chinoise a été reconstituée depuis plus d'un siècle par les empereurs Tang, dont le pouvoir s'étend sur toute la Chine continentale, le Tibet, la Corée, la Mandchourie et le Sinkiang. Les savants et les techniciens chinois ont des connaissances déjà précises de chimie et d'astronomie. Ils n'ont pas, sous les Song (Xe-XIIIe siècles), attendu Gutenberg pour inventer l'imprimerie. Ils ont déjà lancé des ponts suspendus par des chaînes de fer. Les campagnes chinoises sont irriguées par des moulins hydrauliques. Les artisans chinois sont des maîtres dans l'art de la céramique, et dans la capitale des empereurs Tch'ang-ngan, se réunissent les lettrés arabes, syriens, persans, coréens, japonais, tibétains et tonkinois accourus pour discuter de religion et de littérature avec les « clercs » chinois. Les peintres et les sculpteurs chinois sont parmi les premiers du monde de leur temps, et une floraison extraordinaire de poètes et d'écrivains s'épanouit à l'extrémité de l'Orient, tandis que les Francs, les Lombards, les Visigoths et les Bulgares se disputent les miettes des ruines de la ruine de l'Empire romain.

Le poème de Li Po que je prends comme exemple est né d'un monde qui n'était pas simplement, au VIIIe siècle, le bout du monde pour un Occidental, mais qui était *un autre monde.* Un monde, une société dont notre culture et notre tradition historique nous ont laissés prodigieusement ignorants. L'*honnête homme* occidental et européo-centrique a beaucoup de peine à concevoir comment on s'y habillait et nourrissait, quelle idée on s'y faisait du destin des hommes, quelles religions et quelles morales régissaient la vie quotidienne, quelles en étaient l'architecture et la musique, quelles formes y prenaient les relations économiques et politiques, quel y était le style des rapports humains, le rapport entre les sexes et le rapport entre les classes sociales.

Ce poème, comme surgi d'une planète difficilement compréhensible, voici comment je l'ai découvert. Il avait été traduit déjà à la fin du XVIIIe siècle et au cours du XIXe siècle, par des pionniers de la sinologie française. Je laisse de côté ces premières ébauches de la transposition en français de ce poème, pour prendre la première traduction que nous en donnent en 1901, à l'orée de notre siècle, la fille de Théophile Gautier, et la rivale de Cosima dans le cœur de Richard Wagner, Judith Gautier. Voici comment apparut pour la première fois en France, dans *Le Livre de Jade*, sous le titre *Chanson sur le Fleuve*, le poème de Li Po :

> *Mon bateau est d'ébène ; ma flûte de jade est percée de trous d'or.*
> *Comme la plante, qui enlève une tache sur une étoffe de soie, le vin efface la tristesse dans le cœur.*
> *Quand on possède du bon vin, un bateau gracieux et l'amour d'une jeune femme, on est semblable aux génies immortels.*

Un demi-siècle plus tard, tandis qu'il achevait ses études à Lyon, mon ami Lo Ta-Kang traduit, en 1949, dans *Homme d'abord, poète ensuite*, le même texte. Voici sa traduction :

> *Sur la barque de sorbier, avec des rames de bois odoriférant,*
> *Flûtes de jade chantant sur la poupe, orgues d'or sur la proue,*
> *Au milieu, une grande amphore de mille bossoles débordant d'un beau vin,*
> *Je vogue avec une belle chanteuse, au gré des flots.*
> *Immortels, nous le serons un jour lorsque les héros jaunes viendront nous emporter sur leur dos.*
> *Aventuriers de haute mer, nous manquons de cœur pour suivre les vols capricieux des mouettes blanches.*
> *La poésie de K'iu Yuan rayonne comme le soleil et la lune,*
> *Du palais du prince son maître, il ne reste plus que la colline dénudée.*
> *Ivre de vin et d'inspiration, j'agite mon pinceau à ébranler les montagnes.*
> *Mon poème fait, je fredonne et ma voix domine le pays des immortels.*
> *Si les honneurs et la richesse d'ici-bas pouvaient durer,*
> *Le fleuve Han coulerait à rebours !*

A peu près à la même époque, Charles Leplae, avec l'aide du R.P. Van Durme, professeur à l'Institut des Hautes Études Chinoises à Bruxelles, donne à son tour une version du *Chant sur la Rivière* :

Voguant dans une barque légère en bois de sorbier jaune,
poussée par des rames précieuses de magnolia.
Au son de la flûte de jade et de la flûte d'or,
Vidant nos amphores, emplissant mille fois nos coupes,
Accompagnés des courtisanes, nous nous éloignons, nous suivons
les flots, nous nous abandonnons.
Et pourtant l'immortel attend, il chevauche, lui, la grue jaune
de l'immortalité.
Tandis que moi, sur cette rivière, trop insouciant, je suis les
mouettes blanches.
Et je sais que les poèmes de K'iu Yang sont si parfaits
qu'on pourrait les pendre au ciel entre le soleil et la lune.
Tandis que les terrasses et les pavillons du roi de Tch'ou, son
maître, se sont écroulés laissant la montagne déserte.
L'enthousiasme m'exalte, je vais écrire, j'abaisse mon pinceau
sur le papier, mon poème ébranlera les cinq monts sacrés.
Voilà ! Mon poème est fait, et je puis me moquer, en longeant
les bords de cette rivière,
Du succès, des honneurs et des richesses. Car les suffrages du
monde sont-ils vraiment de longue durée ?
Mais non ! il serait aussi fou de le croire que les eaux du Han
pourraient remonter leur cours.

D'une version à l'autre, le poème de Li Po francisé compte 53 mots dans la version de Judith Gautier, 143 dans celle de Lo Ta-Kang, 196 dans celle de Charles Leplae. Judith Gautier a visiblement renoncé à traduire tout ce qui lui apparaissait trop difficile à comprendre pour un lecteur français, les allusions historiques, littéraires, religieuses. Sa version est à l'original ce qu'un homme tronc est à un athlète complet. Mais cet original, quel est-il ? Il est composé de deux strophes de six vers, comptant chacun sept syllabes — c'est-à-dire sept mots, puisque le chinois est une langue monosyllabique. Cette langue étant une langue tonale, le poème obéit non seulement à la mesure — six vers de sept pieds par strophe — mais aussi à l'alternance organisée des tons obliques et des tons plats, musique qui est sensible en écoutant le texte chinois. Le deuxième, le quatrième et le sixième vers de chaque strophe riment.

Voici le mot à mot du poème :

> *Bois magnolia la rame Bois sorbier la barque*
> *Jade flûte Or flûte placées deux extrémités*
> *Bon vase vin contient élever mille mesures*
> *Emmener courtisanes Suivre Flots S'éloigner Suivre*
> *S'abandonner*
> *Homme Immortel Avoir Attendre Chevaucher Jaune Grue*
> *Hôte Rivière N'avoir pas Souci Suivre blanches mouettes*
> *Tch'ou Empereur Terrasses Palais Vide Montagne Dépouillée*
> *Transporté Ivresse Poser Pinceau Ébranler Montagnes*
> *Poème Terminé Rire Se moquer Longeant Bord Rivière*
> *Vertu Gloire Richesse Honneurs Si longue durée*
> *Han Rivière réellement devrait d'Ouest à Nord couler.*

Dès ce déchiffrement rudimentaire, une distance infranchissable s'est établie entre l'original et son « reflet ». Nous essayons de refléter un poème composé de mots en général monosyllabiques dans une langue polysyllabique. Li Po a conçu son poème dans une langue tonale, et nous essayons de le restituer dans une langue quasiment non accentuée.

La grammaire chinoise est si différente de la nôtre qu'on a longtemps affirmé en France que le chinois n'avait presque pas de grammaire. « *Les mots chinois ne sont ni des noms ni des verbes, ils sont quelque chose d'indifférencié* », enseignait encore à la veille de la Seconde Guerre mondiale un sinologue français.

(Ce grand savant cédait peut-être ici sans le savoir à la forme linguistique de l'illusion européenne qui fait croire aux ignorants que « tous les Chinois se ressemblent ».) Ce qui est vrai, c'est que le verbe chinois se pose dans la phrase, à la fois imprécis (est-ce un substantif ? Un verbe ?), flou et dur comme une pierre dure est posée sur une table : invariable, inconjugable. Au premier abord aussi compact, impersonnel et énigmatique qu'un aérolithe. Les particules spécificatives permettent seules d'en préciser le sens, de deviner qui est le sujet, quel est le complément et quel est le temps d'un verbe suspendu comme éternellement à l'infinitif. Mais parfois les particules elles-mêmes sont omises, et le contexte n'indique pas toujours clairement si l'action a eu lieu, a lieu, ou aura lieu. Ni qui en est le sujet, de quel sexe, etc. Le pronom personnel *je* est rarement utilisé par le poète classique chinois, sauf dans le cas où il est lui-même agent, acteur et agissant. L'incertitude flottante, l'ambiguïté qui naissent de l'impersonnalité et de l'intemporalité du verbe, de l'effacement du pronom ne sont pas une infirmité de la langue chinoise. C'est une attitude générale devant l'univers. Le traducteur occidental voudrait savoir *qui* est là, au bord du lac ou dans la montagne, *qui* écoute l'appel des oies sauvages en vol ou la corde d'un luth effleurée par une main. Il voudrait savoir *quand* cela a lieu : très autrefois, hier, la veille, aujourd'hui ? Il voudrait posséder tous ces éléments, afin de pouvoir préciser la couleur affective du poème, l'état d'esprit de son auteur (auteur le plus souvent invisible, dérobé), la note dominante.

Est-ce nostalgie, gaieté légère et enjouée, mélancolie sombre, tristesse douloureuse ? Mais le poète chinois refuse de se laisser enfermer dans une seule réponse. La langue de son lecteur européen exige un choix entre plusieurs significations (ou du moins croit-il qu'elle l'exige). Mais la poésie chinoise non. Le professeur A.C. Graham, qui unit des vertus rarement accordées simultanément, celles du linguiste, du savant, et celles d'un merveilleux traducteur, observe avec finesse : « *Même si un examen plus approfondi montre que le processus a été beaucoup plus graduel, on a l'impression que la poésie japonaise a commencé à concentrer des sens multiples au neuvième siècle, la poésie anglaise à la fin du seizième, la poésie française tout récemment, au dix-neuvième, mais que les origines de cette évolution datent en Chine des poèmes que Tou Fou écrivit à partir de 766.* » Un autre sinologue, l'Américain Burton Watson, parle des « *admirables ambiguïtés* » du chinois. Il ne le loue pas seulement de l'impersonnalité de ses verbes, de l'ellusivité des pronoms, mais aussi de ce que le nom ne contienne aucune indication de nombre, qu'il faille ajouter au mot « arbre » le mot « plusieurs » si on veut indiquer le pluriel. Convenant d'ailleurs que cela a des inconvénients, et qu'un oiseau unique suggère l'idée de solitude, quand un vol d'oiseaux évoque une tout autre atmosphère. Mais les amoureux de la langue chinoise lui passent joyeusement ses « faiblesses ». Le chinois, dit Marcel Granet, est « *un langage fait pour peindre et non pour classer, un langage fait pour évoquer les sensations les plus particulières et non pour définir et pour juger, un langage admirable pour un poète ou pour un historien* (mais) *qui n'aide pour ainsi dire pas la pensée à sortir du domaine de la sensation* ». J'ajouterai : de l'émotion.

4

Quand le pauvre voleur de poèmes chinois a achevé, non sans encombres ni naufrages, sa navigation dans le courant du texte chinois, s'éraflant aux écueils que l'écume dissimule sournoisement, s'enlisant dans les herbes d'eau,

quand il a accumulé tristement tous les renoncements que sa folie implique, sacrifié le plaisir de l'œil à suivre les caractères, celui de l'oreille à percevoir la modulation des *tons*, le retour délicieux des rimes monotones ; l'épaisseur des arrière-plans d'allusions, de citations voilées, de *lieux communs* qui ne sont pas communs aux lecteurs occidentaux ; renoncé à jamais à la complicité de ceux pour qui l'histoire et la géographie chinoises sont une expérience partagée,

quand le voleur transi s'est résolu à trancher arbitrairement dans l'ambiguïté donnée (et volontaire) de la construction grammaticale du poème original ; à se priver d'un *flou* irisé de ressources et surprises ; à choisir un seul trait et un seul sens, une ligne unique, dans une brume de soleil qui refusait la netteté un peu sèche que donne une lumière crue et perpendiculaire,

il lui reste à affronter, après l'idée consciente qu'il

a pu se former de l'original (et la certitude de ne pouvoir l'exprimer tout entier), l'idée — pas toujours consciente — qu'il se fait d'un poème français qui serait l'écho atténué — « *le pis-aller* » dit Jean-Pierre Dieny — du poème chinois.

Arthur Waley est un des plus grands *re-créateurs* de poèmes chinois en anglais. C'est parce qu'Ezra Pound connaît finalement beaucoup mieux l'anglais « d'avant-garde » de son temps qu'il donne du *Livre des Chants* et des poètes de *Cathay* une version qui « prend des libertés » mais jamais celle d'assassiner le poème chinois en l'étouffant sous les tentatives de « reconstitution ». Ni Jean Prevost en France, ni Brecht en Allemagne, ni Ungaretti en Italie, ni Sandor Woeres en Hongrie ne savent le chinois : mais leurs traductions sont pourtant moins infidèles que ne l'est souvent la grande fidélité des philologues scrupuleux. Il n'y a peut-être qu'une seule manière de franchir le mur invisible des *langues étrangères* : cette distraction des somnambules, des enfants, des amants et des imbéciles heureux qui ne s'aperçoivent même pas que l'étranger leur est *étranger.* Le « don des langues » c'est l'oubli qu'elles existent. Toute la Pentecôte est un fruit de cette intrépidité émerveillée qui nous fait soudain comprendre à demi-mot et à cœur entier celui dont nous ne comprenons pas un seul mot, mais qui parle pourtant la même langue que nous. Ce que résume sous une autre forme Dudley Fitts dans son essai *On translation* : « *We need another poem. Not a representation in any formal sense, but a comparable experience.* » (Nous avons besoin d'un autre poème.

Non d'une représentation, au sens formel, mais d'une expérience comparable.)

5

Avant de découvrir la Chine réelle, il m'est arrivé de me demander si les paysages des poèmes et des rouleaux peints des T'ang ou des Song n'étaient pas, plutôt que des reflets d'une nature véritable, des figures de rhétorique, des paysages imaginaires et littéraires. La poésie française du XVIIIe siècle est peuplée de bergers et de brebis qui n'ont d'existence que poétique et allégorique. Est-ce que les branches des pêchers en fleur et les bambous frémissants des poème chinois, est-ce que les lacs recouverts de brume et les pins des vers et des dessins à l'encre de Chine n'appartenaient pas à un univers rhétorique analogue ? Mais j'ai connu en Chine le même plaisir qu'en Toscane, en découvrant que les arrière-plans des fresques de Giotto ou des Primitifs ne sont pas sortis de leur seule imagination, mais restituent fidèlement le paysage qui, des siècles plus tard, accueille encore le voyageur : les collines ocre couvertes de vignes et de cyprès, les remparts des petites cités dominées par leur campanile. La nature chinoise, le paysage chinois, les poètes et les peintres d'il y a deux mille ans les ont restitués fidèlement. Les fleurs qui parfument leurs chansons, le magnolia et le lotus, ce ne sont pas des fleurs de rhétorique, mais les vraies fleurs de la vraie nature chinoise. Les rochers qui escaladent le ciel, les pins qui tordent leurs branches à flanc de montagne, les ermitages enfouis dans les bambous et les arbres, ou bien la grande plaine jaune et nue, les fleuves larges comme des bras de mer : ils n'ont rien inventé, à peine embelli ou magnifié. Ces artistes qui ne veulent pas être « naturalistes » sont les plus naturels qui soient. Indifférents à un réalisme minutieux, « léché », ils sont pourtant constamment véridiques.

Si neuf sur dix des poètes T'ang, Song ou Ming sont de grands poètes de la nature, de la vie rurale ou pastorale, cela ne tient pas seulement à une commune sensibilité, mais aussi à ce que la Chine est avant tout un pays agricole. La plupart d'entre les lettrés et les peintres chinois classiques sont profondément pénétrés par la philosophie et la morale taoïstes, et par cette forme particulière du bouddhisme, ce surgeon chinois de la pensée indienne qui, en combinant certains traits de l'attitude taoïste et de l'attitude bouddhiste, va donner naissance au Tch'an qui est devenu au Japon le *Zen*. Le Tao et le Tch'an ont ceci de commun qu'ils demandent à l'homme de se recueillir et de s'abandonner, de vivre non seulement *dans* la nature, mais encore *avec* la nature, d'en retrouver le rythme et d'en suivre l'impulsion. Taoïsme, Tch'an sont des mystiques du non-vouloir. Ils demandent à leurs adeptes de s'éloigner d'abord du tumulte des villes et de l'agitation des passions, de faire régner en eux le silence et la paix, d'être contemplatifs et détachés. Si nous voyons la plupart des poètes chinois des âges classiques chercher le plus possible à s'éloigner de la capitale, nourrir le rêve, quand ils sont fonctionnaires, d'une prompte retraite dans leur maison des champs, un modeste ermitage, ce n'est pas uniquement comme Horace ou Virgile par lassitude de la vie urbaine, ou pour fuir, tels les citadins d'aujourd'hui, des villes bruyantes, polluées et usantes. C'est parce que la vie aux champs leur semble une source quotidienne de sagesse et de joie. Vivre à la campagne n'est pas seulement pour eux une des premières conditions de la paix de l'esprit. Vivre à la campagne n'est pas seulement pour eux une recette d'hygiène, mais aussi une leçon de morale. Ainsi, parfois, l'exil dont les frappent les Empereurs n'est pas pour eux une punition mais une bénédiction.

Mille ans avant notre ère, les chansons du *Che-king*, le *Livre des Odes*, nous plongent dans une nature chinoise qui n'a guère changé. Certes, les grandes forêts auxquelles le *Che-king* fait allusion ont disparu pour la plupart. La Chine a été dénudée, défrichée, érodée et dépouillée dans toute son étendue centrale comme peu de continents l'ont été. Mais les grands fleuves nourriciers coulaient déjà alors comme aujourd'hui, simplement plus dévastateurs. C'est dans les chansons du *Che-king* que nous voyons pointer, il y a trois mille ans, la première pousse de bambou, peut-être, de la littérature chinoise. Ce ne sera pas la dernière. On a peint en Chine cent mille millions de tiges et de feuilles de bambous. On a écrit peut-être dix mille ou cent mille poèmes, essais ou traités sur le bambou. Un lecteur impatient pourrait avoir le sentiment que les artistes chinois sont des maniaques du bambou. Les plus fameuses annales historiques de la Chine, aux IIIe et IIe siècles avant notre ère, s'appellent les "Annales sur Bambou" : *Tchou-chou Ki-nien*. Les ethnographes ont dit de la civilisation de l'Extrême-Orient qu'elle est une civilisation du bambou. Le bambou sert ici à se nourrir et à construire des maisons. On en fait des chapeaux et des outils, de la philosophie et de l'art. Les civilisations archaïques de la Chine protohistorique utilisaient déjà le bambou pour se nourrir, nourrir leurs animaux, se loger, se vêtir, et pour écrire avec des pinceaux de bambou sur des tablettes de bambou des éloges du bambou. Deux mille ans plus tard, devant les bambous de leur jardin, les peintres et les poètes T'ang prennent leur pinceau de bambou et de soie, et après avoir contemplé si patiemment les tiges et les feuilles de bambou qu'à la fin ils s'identifient à elles, ils tracent les caractères d'un poème sur le bambou ou font surgir de la page blanche simplement deux feuilles, une tige : l'esprit même du bambou.

Dans les tableaux des peintres primitifs de l'Occident, il arrive que l'artiste se soit représenté lui-même un peu à l'écart de la scène centrale, sous les traits d'un des bergers qui adorent l'Enfant, ou d'un passant mêlé à la foule de ceux qui assistent à la décollation du saint ou au miracle. Dans les paysages des peintres chinois T'ang ou Song, on aperçoit le lac, et dans un creux de la montagne, un petit personnage presque invisible, dérobé, modeste, aussi immobile qu'une tige de bambou ou qu'un pin.

Soyez-en certain : c'est le peintre lui-même, le peintre qui était aussi probablement un poète, tel Wang Wei, qui, au VIIIe siècle, s'est fait le calme miroir des lacs de la Chine du Sud dans ses peintures et ses poèmes.

Les poètes chinois ont toujours l'air d'écrire au grand air. Les sentiments qui les traversent sont parfumés par l'odeur des arbres en fleurs et de la forêt, bruissants du murmure du vent d'automne, crissants comme le gel et le givre sous le pas. Le naturel de Li Po Tao Yuan-ming ou Po Kiu-yi, c'est de vivre dans la nature, comme la nature.

Les poètes chinois semblent s'être peu posé une question qui tourmente les poètes et les écrivains d'Occident : est-ce que l'artiste doit se préoccuper uniquement de problèmes individuels et cultiver son jardin de créateur, ou doit-il participer aux combats politiques et sociaux de son temps ? Doit-il être « engagé » ou « dégagé » ? Les poètes chinois ont été tour à tour, et avec le plus grand naturel, engagés et dégagés, contemporains de leurs contemporains et compagnons des loriots, des bambous et de la solitude. La plupart d'entre eux ont été imprégnés de taoïsme et de bouddhisme. Ils ont essayé de vivre une sagesse qui plaçait par-dessus tout l'apaisement intérieur, le détachement, la liberté spirituelle, une sagesse qui conseillait le dédain des honneurs et des richesses, le désintérêt réfléchi de la vaine agitation des sociétés, la contemplation de la nature et l'identification au rythme profond de la vie. Mais ces ermites méditatifs, ou ces anarchistes nihilistes ont su aussi, quand il le fallait, se mêler de ce qui ne les regardait pas, mais qu'ils regardaient avec de très bons yeux.

Neuf sur dix furent (carrière normale des lettrés) des fonctionnaires, hauts ou petits. Mais rarement des courtisans. K'iu Yuan se suicide parce que le Roi ne veut pas écouter ses conseils. Les poètes chinois ne cessent pas d'être emprisonnés ou bannis pour avoir tenu tête au pouvoir et pris à cœur la misère de leurs concitoyens. Au Ier siècle de notre ère, Leang Hong se fait mal voir pour avoir trop bien vu le contraste entre le faste des palais de l'Empereur Tchang de la dynastie Han et la dure vie de ses sujets. Au IIe siècle, le poète Lieou Tchen est condamné aux travaux forcés par l'Empereur. K'ong Jong est mis à mort par l'usurpateur Ts'ao Ts'ao. Au VIe siècle Lou Kai meurt de chagrin en apprenant que son frère est mort en prison. Sous les Tang, Wang Tch'ang-ling périt au cours d'une rébellion, le grand Li Po est exilé. Wang Wei connaîtra la prison, Tou Fou la disgrâce. La répression, l'exil, la mort, c'est un héritage impérial que Mao assumera sans hésiter, et parmi les millions de Chinois qui ont péri, des débuts du règne à la Révolution Culturelle et à la mort du vieux despote, le martyrologe des écrivains et des intellectuels commence à peine à être connu, après l'assassinat de Lao Che et celui de Tchao Chou-li.

Que la nature ait été pour les poètes chinois la grande réconciliatrice, qu'ils aient presque tous fui le plus possible les grandes villes pour de longues retraites, parfois définitives, dans une maison de campagne ou un ermitage, qu'ils aient été souvent à la fois de grands paysagistes de la peinture et de grands paysagistes du poème, n'a jamais empêché ceux qu'on nommait *les lettrés des Monts et des Vallées*, comme Wang Wei, comme Sou Tong-p'o, de voir non seulement les bambous et les cascades, la brume sur les lacs et les hérons dans le ciel, mais les hommes au travail dans les champs.

Sur cette terre où le travail de millions de paysans dont la masse énorme représentait hier encore plus de 90 % de la population totale n'a pas laissé sur les immenses plaines la valeur d'une allumette de bois, tant les terres ont été défrichées, où les paysans du Kan-sou étaient contraints de puiser du gravier dans le lit des rivières pour entraver l'érosion des terres, où chaque mètre carré de terre a coûté d'inimaginables efforts de labour, d'engraissement, d'irrigation, de façons culturales, où la pauvreté a été constante et la famine fréquente, où les bêtes de labour étaient rares et les inondations, les sécheresses et les désastres naturels nombreux, il n'est pas surprenant que le paysan traverse presque à chaque pas les chemins du poète.

Nous le voyons entrer sans bruit, les pieds nus, et (j'imagine) très peu différent du paysan qu'on rencontre encore dans les campagnes chinoises, coiffé de son chapeau en feuilles de bambou, dans un des plus anciens poèmes anonymes de la littérature chinoise :

> *Du petit jour*
> *Jusqu'au couchant*
> *je sue, laboure*
> *mon maigre champ.*

*Je creuse un puits
sème mon grain
mange mon riz
et bois mon vin*

*Que peut me faire
le gouvernant ?
Si pas de guerre
je suis vivant.*

 Ce paysan ne va plus cesser de trotter, à travers les années de bonnes récoltes et les années de ventre creux, à travers les invasions barbares et les guerres entre Etats féodaux, pendant presque quatre mille ans de poésie chinoise.
 Le *Che-king* recueille les chansons populaires de la Chine archaïque, pendant la première moitié du premier millénaire avant notre ère. Comme la Bible mêle aux textes sacrés les chansons d'amour des pasteurs hébreux du Cantique des Cantiques, le *Che-king* rassemble, avec les hymnes religieux et les chants de bataille royaux, les chansonnettes dont les garçons et les filles alternaient les couplets en allant aux champs ou au cours des fêtes saisonnières. Nous savons grâce à eux très bien ce que faisaient les adolescents chinois d'il y a trois mille ans : ils travaillaient, se taquinaient, se faisaient la cour, faisaient l'amour et faisaient des enfants.
 Mais le poète par excellence du paysan chinois, c'est sans doute Po Kiu-yi. Il n'était pas cependant d'origine rurale. Fils de magistrats ruinés, il connut une enfance dure et solitaire, poursuivit à grand-peine ses études, parvint à réussir ses examens. On le trouve

tour à tour « Réviseur » des archives impériales, juge de paix dans une petite sous-préfecture. Sa gloire de poète attire sur lui l'attention de l'Empereur, qui le nomme censeur impérial. Courageux censeur, qui censure surtout les injustices du régime et les abus du pouvoir. « *On m'accuse d'impertinence,* dit-il *; à entendre chanter certains de mes poèmes trop réalistes, les grands se regardent, pâlissant. Ceux qui ne me connaissent pas m'appellent acheteur de renommée, médisant, calomniateur. Même mes proches parents et ma femme me donnent tort.* »Po Kiu-yi est banni, envoyé en exil sur la rive sud du Yang Tsé. Il y restera trois ans, observant toujours la vie des paysans. Il en sera rappelé en 819. Nommé préfet, il restera, jusqu'à sa retraite, un fonctionnaire proche du peuple, aimé de ses administrés et vénéré par les poètes et les lettrés.

Laboureur ou artisan, moissonneur ou glaneuse d'épis, les gens du peuple sont les personnages dont ne se lasse pas Po Kiu-yi. Ce haut fonctionnaire était attentif au plus humble passant des sentiers de montagne, pêcheur, charbonnier, chasseur, laboureur.

Pendant quatre mille ans, on entend dans la poésie chinoise la plainte des paysans éternels. Ils se sont révoltés mille et une fois. Mille et une fois ils ont été écrasés. Cela commence bien longtemps avant notre ère. En 293, on coupe 240 000 têtes de paysans insurgés ; en 275, 40 000 têtes ; en 274, encore 40 000 têtes. En 273, on coupe 150 000 têtes. Il y a une jacquerie et un massacre à peu près tous les cinquante ans. Il n'est peut-être pas très surprenant que de 1939 à la Révolution Culturelle et aux famines qu'elle provoqua, du « Grand Bond en avant » à Deng Xiaoping, il se soit passé en Chine des événements auxquels le paysan chinois et sa misère n'ont pas été étrangers, au contraire. Les poètes chinois depuis quatre millénaires nous parlent du paysan, « ces hommes du peuple qui sont les racines d'un pays ». Ce n'est pas une autre histoire. C'est la même, qui continue, et change.

« *L'amour, affirme un historien occidental, est une invention du* XIIe *siècle.* » L'amour-passion, l'amour tel que le vivent — ou le parlent — les Européens, tel parfois qu'ils en meurent, serait né avec les troubadours, fruit vénéneux et délicieux d'une hérésie, la religion cathare. Ce trouble, ce vertige et ce désordre de l'être dont sont agitées Phèdre, Hermione, Mathilde de La Mole et Marguerite Gautier ne seraient que le résultat d'une mode, la conséquence d'un schisme et la création de quelques poètes philosophes. A en croire certains, la plupart des civilisations primitives ou très raffinées auraient ignoré cette fureur et ces délices, et envisagé avec plus de flegme les rapports sensuels, ignoré ou quasiment l'élection d'un être aimé entre tous, et vécu sans « romantisme » le lien amoureux ou conjugal.

Il y a un peu de vérité dans ce paradoxe. Les historiens comme les ethnographes constatent en effet une extrême variété dans l'importance ou le discrédit qu'on attache aux sentiments de l'amour, dans la valeur qu'on accorde selon les civilisations à la pureté des jeunes filles et à la fidélité, dans les coutumes amoureuses ou érotiques. Basile Alexiev raconte avec quel effarement les premiers catéchumènes chinois endoctrinés par les missionnaires découvrirent le *Cantique des Cantiques*, où le Roi Salomon baise à chaque verset, ou presque, les lèvres de la Sulamite : le baiser sur les lèvres apparaissait aux Chinois comme le comble de la pornographie. Il faut convenir que les Bons Pères proposaient à leurs catéchumènes une traduction chinoise de la Bible dont le texte avait de quoi les surprendre : « *Je veux qu'il ait uni ses lèvres aux miennes,* lisait-on dans la Bible chinoise de la Société Biblique anglaise, *puisque ton sentiment amoureux est mieux que du vin doux. Ton gras, son odeur et son goût sont excellents. Ton nom est comme du gras parfumé versé. C'est pourquoi une foule de vierges t'aiment et t'adorent. Tes mamelles sont comme une paire de cerfs jeunes qui paissent l'herbe parmi les lys* », etc. Mais les missionnaires, en revanche, s'effaraient de la crudité des romans traditionnels chinois, tels le *King Ping Mei*, et des dessins obscènes affichés dans la cuisine pour faire peur au Dieu de l'Incendie : les Chinois le tenaient pour un Dieu extrêmement pudibond, que l'obscénité faisait fuir.

Les coutumes changent, les mœurs varient. L'Occident est monogame depuis deux mille ans, du moins en principe. La Chine a pratiqué la polygynie et la polygamie pendant plusieurs milliers d'années. Ce qui offusquait un Européen semblait à un Chinois le comble du naturel, et réciproquement. Mais si on se fie à ces enregistreurs des mouvements du cœur que sont les poètes, à ces sismographes des profondeurs de l'esprit, on inclinera tout de même à croire que les cœurs chinois ont depuis la nuit des temps battu à peu près comme les cœurs français, océaniens ou indiens. Si les expressions, les rites, les coutumes, les préjugés et les gestes de l'amour ne sont nulle part tout à fait les mêmes, les cérémonies, les actes et les lois sont beaucoup plus constants, ou si l'on veut *monotones*.

Coquetterie, désir, malice, gaieté des amours adolescentes : toute la jeunesse de l'amour qui s'exprime dans un des plus vieux livres du monde, dans le *Cheking*. On objectera peut-être que les jeunes paysans chinois d'il y a trois millénaires étaient, comme tous les adolescents du monde, de jeunes poulains un peu ivres ; que la profondeur des sentiments, leurs nuances, leur délicatesse n'étaient pas leur fort ; et qu'on ne peut pas juger du cœur secret de la Chine sur les jeunes rustres des origines. Qu'on écoute donc les poèmes d'amour d'une très célèbre jeune femme de la dynastie Tsin, la poétesse Tsö Ye. Je ne crois pas que ce soit l'intonation des mots français de ma traduction, et elle seule, qui la rende si proche, à travers les siècles, de Marceline Desbordes-Valmore.

6

J'imagine un Chinois. Je rêve d'un poète chinois imaginaire. Comme si on prétendait tracer un portrait du Français en puisant les exemples dans Villon et Hugo, Christine de Pisan et Baudelaire, La Fontaine et Rimbaud. Mais jusqu'au XIXe siècle, la Chine a été beaucoup plus stable, traditionnelle — et, en apparence, *immobile* —, que la France du Moyen Age à nos jours. Et je crois tout de même que le « portrait-robot » d'un humaniste chinois, forcément un peu schématique et simpliste, dégagerait cependant des traits généralement vrais, assez constants pour être valables.

Notre poète chinois aura donc connu, comme tous les êtres, les émotions de l'amour naissant, partagé ou refusé, de l'union ou de la séparation, du divorce ou de la longue fidélité. Il se sera marié, et, comme on dit, *établi,* mot un peu lourd pour la fragilité des destinées humaines. Il aura eu des enfants, fondé une famille, enfoncé dans la vie les racines d'un foyer, d'une « postérité ». Il aura écouté ses enfants chantonner les randonnées et les comptines qui se sont transmises à travers les siècles, l'équivalent chinois de notre « *Amstramgram* » et de « *Une poule sur un mur* ».

Puis les enfants du poète auront grandi. Il doit exister en chinois à peu près les mêmes phrases toutes faites, et somme toute assez bien faites, qu'en français : « Les enfants, ça donne bien des joies, mais aussi bien des soucis. » Ce poète chinois, qui est marié, qui a des enfants, auquel ses enfants donnent du tourment, comment gagne-t-il sa vie ? Neuf fois sur dix, s'il est lettré ou cultivé, c'est qu'il a cheminé à travers les dédales des examens et des concours, et qu'il a donc conquis un poste officiel, modeste ou important, proche de l'Empereur ou dans une lointaine province. Mais la plupart du temps, ce gagne-pain ne lui a ôté ni sa lucidité, ni sa liberté d'esprit, ni son franc-parler. Il aura eu probablement des démêlés constants avec le pouvoir, connu la disgrâce, la prison, sans plier, sans s'avilir. Et trouvant parfois dans l'exil même les consolations de la nature. T'ao Yuan-ming démissionne de ses fonctions de magistrat parce qu'un de ses supérieurs exigeait trop de servilité : « *Je ne peux tout de même pas faire des courbettes pour cinq sacs de riz* », dit-il.

La retraite pastorale, la médiocrité dorée de la vie dans la nature n'excluent pas, bien entendu, l'amitié. Le Chinois place très haut le commerce enjoué de ses semblables, qu'il s'agisse des relations amicales avec les voisins et les villageois d'alentour, ou de cette amitié d'esprit élective qui incite quelques compagnons à se retrouver autour d'un flacon de vin et de quelques rouleaux de peintures ou de calligraphie, devisant sur l'art et la vie, s'attristant au moment de la séparation, s'écrivant pendant l'absence, et se sentant plus forts et plus riches d'avoir rencontré l'amitié vraie.

Que disent, au cours des soirées de printemps sur la terrasse, ou des nuits d'hiver dans la maison, ces amis ? Ils se répètent les vieux préceptes de Lao tseu et de Tchouang tseu : qu'il faut se faire tout petit, tout effacé, tout abandonné pour ne pas attirer sur soi le malheur et le tourment ; que le sage doit être modeste, à l'écart, avoir renoncé à l'ambition, à l'appétit de puissance, aux richesses. Ils regardent autour d'eux, et la vie campagnarde leur donne mille exemples de cette sagesse. Il n'y a qu'à considérer la mousse sur les pierres ou le hérisson dans le fossé :

> *En route, il semble une pelote d'épingles en mouvement,*
> *Arrêté, il est rond comme une châtaigne.*
> *Ne méprisez pas sa petitesse.*
> *Qui oserait le frapper du poing ?*

Cette leçon de sagesse que les poètes reçoivent et transmettent, la morale de la mousse sur le muret et du hérisson sur le chemin, ils l'élargissent souvent jusqu'à cette tendresse universelle pour tout ce qui vit, que nous nommerions franciscaine, et qui est pour eux le cœur de l'attitude morale du bouddhisme.

Souvent le poème n'était pas dit ou lu, mais chanté. Et les poètes de la dynastie T'ang ont écrit de ravissants et musicaux poèmes sur le ravissement de la musique. En voici deux. Po Kiu-yi :

> *Mon luth repose sur la table*
> *Je flotte au courant de mes songes*
> *A quoi bon égrener un air ?*
> *Le vent en effleurant les cordes*
> *Saura chanter ce que je tais.*

Li Po :

En écoutant au Sseu-tch'ouan un moine qui joue de la cithare

Le moine du Sseu-tch'ouan, tout en haut du mont Omei
Il descend vers l'Ouest, il tient une cithare.
Ses doigts pour moi en caressent les cordes.
Chaque note fait murmurer dix mille pins dans la vallée
Mon cœur est purifié comme par l'eau courante.
Longtemps l'ultime écho se fond à une cloche qui sonne
Et je ne m'aperçois pas que les collines vertes sont devenues
grises
Ni que les nuages d'automne ont peu à peu assombri la vallée.

Mais il ne faut pas imaginer notre poète chinois comme un homme trop parfait, un modèle de sagesse totale. Il a des défauts et, si l'on veut, des vices. Il a par exemple le goût de l'alcool. Il lui arrive, seul ou en compagnie, de s'enivrer, de se verser des tasses un peu trop remplies, et nombreuses, de ce vin qui n'est pas toujours, comme chez les Hébreux du *Cantique des Cantiques*, les Persans de Hafiz ou d'Omar Khayam, chez les Romains de Catulle et les Français de la Pléiade, un vin de la vigne, mais le vin de riz (délicieux, j'en atteste — et très capable de griser qui le déguste et le boit —, je le confesse. Je crois même qu'un beau soir à Pékin le romancier Lao Che — qui fut, hélas, assassiné pendant la Révolution Culturelle — a dû me ramener et me coucher dans mon lit : le vin de riz m'avait pris en traître...). Je sais bien que l'ivresse des poètes et des mystiques — et presque tous les poètes de la Chine classique sont à la fois poètes et un peu mystiques — est souvent une ivresse métaphysique, une griserie spirituelle. Le poète recherche dans le vin beaucoup plus que le vin ; un sentiment de communion cosmique, la légèreté du cœur, une *confusion* quasi divine. L'ivresse du vin se confond souvent avec le vertige métaphysique, et la saoulerie avec l'extase. Pendant des centaines d'années, il arrive aux plus grands génies chinois d'être des ivrognes. Ils le sont, et ils s'en glorifient. Ils n'attendent que très peu de la vie : à la fois attentifs et désabusés, mystiques et incroyants, religieux et athées. Ils pensent qu'il faut cueillir dès aujourd'hui les roses de la vie, et leur ajouter souvent les grappes de la vigne, ou du moins les vertiges de l'illusion lyrique à quoi aide l'alcool. Puisque l'immortalité est refusée à l'homme, puisons dans l'ivresse l'illusoire sentiment d'une précaire immortalité.

Li Po a probablement passé sa vie en effet à vagabonder, boire, écrire et chanter. On le voit errer de province en province, comme un oiseau migrateur, un peu fou et parfaitement libre. Le goût du vin lui fait une vie à la François Villon, celle d'un vagabond raffiné, parfois assassin, entouré de joyeux compagnons peu « recommandables », migrateur des caprices, parfois amoureux et toujours lunatique. Il se marie, et pendant dix ans se contente de boire sagement auprès de sa jeune femme. Puis il la quitte, et ses deux enfants. Il reprend la route, semant son maigre argent aux quatre vents des cabarets, bienveillant pour les pauvres gens et insolent devant les grands. On le retrouve un beau jour installé à la Cour Impériale, où la célèbre Yang Kouei-fei lui porte une extrême indulgence. Un de ses confrères le décrit alors : « *Il arrive, appuyé sur deux servantes du palais et à demi endormi d'ivresse. — Dans l'ivresse, il*

compose ses poèmes qu'il oubliera en se réveillant. »
Au bout de trois ans, Li Po quitte la cour, reprend sa vie vagabonde. La vieillesse approche, la maladie le frappe, il voyage toujours. Il apprendra de loin la mort de Yang Kouei-fei, sera jeté en prison par les rebelles, condamné à mort, sauvé par un général ami des poètes — il y en a. La légende prétend qu'il mourut en voulant embrasser le reflet de la lune dans l'eau du Yang-Tsé. Peut-être est-ce vrai.

Il faut donc accepter que le plus grand poète persan, Omar Khayman, ait été un ivrogne, que le plus grand poète turc, Yumfus Imré, ait été un ivrogne, que Villon et Verlaine aient été des ivrognes, et qu'un des plus purs génies de la langue chinoise, Li Po, ait vécu toujours sa vie entre deux vins, le vin de la poésie et la poésie du vin. J'ai tenté de traduire deux de ses rêveries entre ivresse et sagesse :

1.

*Puisque vivre en ce monde est le songe d'un songe
ni souci ni travail ne me le gâcheront.
Et du matin au soir je bois et je m'enivre
endormi, allongé sur le pas de ma porte.*

*Lorsque je me réveille, il y a le jardin,
un seul oiseau qui chante au milieu des fleurs
je ne sais plus le jour, la saison, ni le temps
un loriot sans repos bavarde dans le vent.*

Tant me touche son chant que je pousse un soupir.
Le vin est devant moi. Je m'en verse une coupe,
puis j'attends en chantant que la lune se lève,
et ma chanson finie je retourne à l'oubli.

2.

Un flacon de vin au milieu des fleurs.
Je bois seul et sans compagnon.
Je lève ma coupe. Lune, à ta santé.
Moi, la lune, mon ombre : nous voilà trois.

La lune, hélas, ne boit pas.
Mon ombre ne sait qu'être là.
Amis d'un moment : la lune et mon ombre.
Le printemps nous dit d'être vite heureux.

Je chante, et la lune flâne.
Je danse, et mon ombre veille.
Avant d'être ivres nous jouons ensemble.
L'ivresse venue, nous nous séparons.
Puisse longtemps durer notre amitié calme.
Rendez-vous un jour dans la Voie lactée.

Le crépuscule vient. Le poète chinois ne se révolte ni ne s'agite. Il ne demande ni des comptes, ni pardon, ni le salut éternel à un Dieu dont il n'a jamais imaginé qu'il fût une personne, un Père Éternel, témoin et guide des minuscules insectes humains. Le poète chinois accepte, fait silence, et s'éloigne, comme le fleuve de ce poème que je vole à Li Po.

*Le Fleuve Jaune se perd dans l'océan de l'Est.
Le soleil s'engloutit dans la mer de l'Ouest.
Comme le temps, l'eau s'enfuit pour toujours.
Ils n'arrêtent jamais de couler.
Le printemps s'en va, et ma jeunesse avec.
L'automne est déjà là, avec mes cheveux blancs.
La vie d'un homme est plus courte que celle du pin.
La beauté s'enfuit et s'enfuit la force.
Ah ! si je pouvais enfourcher un Dragon du Ciel,
respirer l'essence de lune et de soleil,
devenir immortel...*

LES TEMPS RECULÉS

LES TEMPS RECULÉS

La vie des paysans a davantage changé entre 1945 et aujourd'hui qu'entre le néolithique et la Seconde Guerre mondiale. La nuit des temps ce fut longtemps la ferme à côté. Et les fermiers de mon petit village du Hurepoix n'étaient pas très différents de ceux que nous décrit notre maître Marcel Granet dans son admirable *Civilisation chinoise*, un de ces livres savants et beaux, nés à l'époque où les grands érudits et penseurs n'avaient pas peur d'écrire un français clair et dru, sans se croire obligés de se barbouiller de charabia. Mais les paysans des bords de la Wei, dont Granet a si bien traduit les chants de travail et de fête qu'on dirait des chansons populaires de la fin du Moyen Age, n'étaient pas très différents, somme toute, des paysans de mon Haut Bout il y a quarante ans. Qui n'étaient pas tellement différents des paysans chinois que j'ai connus à cette époque, qui apparut alors comme une aurore, au lendemain de 1949, avant les épreuves qui les attendaient. La marée des temps reculés vient chuchoter, parler, chanter, rire et pleurer jusqu'à nous.

Du petit jour
jusqu'au couchant
je sue, laboure
mon maigre champ.

Je creuse un puits
sème mon grain
mange mon riz
et bois mon vin.

Que peut me faire
le gouvernant ?
Si pas de guerre
je suis vivant.

Un calendrier des travaux et façons

Au mois de septembre la chaleur décroît
En octobre, les vêtements chauds.
En janvier, la bise pince et mord :
Qui n'a pas sa veste en molleton
tiendra bien mal jusqu'aux moissons.
En mars il faut faire les labours.
En avril on s'en reste aux champs.
Les femmes et les enfants apportent le manger.
L'intendant vient voir et s'en va content.

Au mois de septembre la chaleur décroît
En octobre on se couvre bien.
Au printemps le temps se réchauffe,
Le loriot se met à chanter.
Les femmes prennent les paniers de jonc
et s'en vont le long des sentiers
cueillir les feuilles fraîches de mûrier.
Puis les jours du printemps s'en vont.
Il est temps de couper l'armoise,
le ventre des femmes s'arrondit :
le seigneur les a mise enceintes.

Au mois d'août la chaleur décroît
En septembre on coupe fougères et roseaux
Les vers à soie éclos on élague les mûriers
On empoigne la serpette et la hache.
On taille les branches qui sont trop hautes.

Au mois d'août dans les prés on chante.
En septembre on se remet à filer.
Un fil noir, un fil rouge, un jaune,
pour habiller de neuf le fils du seigneur.

Au mois de mai l'herbe se met à pousser
Au mois d'avril la cigale à chanter.
En septembre il faut moissonner.
En octobre les feuilles sèches tombent.
En janvier, c'est le temps d'attraper les blaireaux
et de piéger les renards roux :
on en fera fourrure pour le fils du seigneur.
En février les hommes se réunissent.
Mars c'est l'époque des grandes battues.
Nous gardons pour nous les cochons de six mois.
Ceux de trois ans c'est la part du seigneur.

Au mois de mai le criquet frotte ses ailes.
Au mois de juin la sauterelle saute.
Au mois de juillet elle se promène aux champs.
Au mois d'août le grillon est à la maison.
Au mois de septembre il chante à la porte.
Au mois d'octobre il se cache sous le lit.
Il est temps de boucher les trous, d'enfumer les rats,
de calfeutrer les fenêtres au nord
et de mettre des bourrelets aux portes.
Avec les femmes et les enfants
on restera tranquilles à la maison.

Juin c'est le mois pour manger des prunes
Tailler la vigne vierge, faire cuire des fèves.

En juillet manger des graines de tournesol
et en août les dattes seront mûres.
En septembre on moissonne le riz
et on met à fermenter le vin pour le printemps,
le bon vin de riz qui donne longue vie.
En juillet on mange les melons.
En août on rentre les courgettes.
En septembre on sèche et broie le chanvre.
En octobre on ramasse du bois mort,
on prépare à manger pour les laboureurs.

En octobre on aplanit l'aire, bêche le potager.
En octobre on engrange le blé et le millet,
la semence d'hiver et la semence de printemps.
Les laboureurs ont labouré.
Les moissonneurs ont moissonné.
La récolte est à l'abri. On bricole dans la maison.
Le jour on va ramasser le chanvre
et à la veillée on tresse des cordes à lier.
C'est le temps de réchaumer le toit.
Puis ce sera celui des semailles.

En février on taille la glace
En mars on la met dans la glacière
En avril on se lève de bonne heure
On sacrifie l'agneau et on pèle l'oignon.
En octobre déjà il y a de la gelée blanche.
En novembre on nettoie bien l'aire
et on fait les offrandes de vin
Puis on s'installe ensemble dans la salle commune
et on lève les coupes à la santé de tous.

Celui qui n'avait l'air de rien

*

Il avait l'air bien honnête
quand il vint m'offrir du tissu
à troquer contre fil de soie.
C'est à mon cœur qu'il en voulait.

Je l'accompagnai à la rivière Tsi
Là je lui dis : Nous sommes promis.
Nous nous marierons à l'automne,
même sans marieuse. Patientez.

Je m'en suis grimpée sur le mur
pour regarder la route au loin.
Je ne le vis pas, et je pleurai.
Je le vis, et me mis à rire.

Il interrogea le Yi King et l'écaille,
tous les présages étaient bons.
Il s'en revint avec sa carriole.
Il m'emmena, et tout mon bien.

Les mûriers ont encore leurs feuilles.
Tourterelle, épargne les mûres.
Fillette, méfie-toi des hommes
on leur pardonne, et on t'accuse.

Les mûriers ont perdu leurs feuilles,
elles jaunissent et elles tombent.
J'ai vécu trois ans avec lui,
j'ai mangé la bouillie des pauvres.

La rivière Tsi a débordé
Elle a mouillé la carriole.
Je suis la même. Il a changé.
Moi fidèle et lui inconstant.

J'ai été trois ans votre épouse
et sans ménager ma peine
levée matin et couchée tard,
vous m'avez parlé méchamment.

Si mes frères me voyaient ici
ils riraient bien de ma misère.
Je garde pour moi mes pensées.
Je suis la seule à accuser.

« Nous vieillirons tous deux ensemble »
Le temps passe. On est séparés.
La rivière coule dans son lit
les marais s'étendent au loin.

J'étais coiffée en jeune fille.
Nous bavardions et nous riions.
Il m'avait donné sa parole.
Les mots s'en sont allés au vent.

Il avait l'air d'un gars honnête.
Je ne savais pas qu'il changerait.
Plus jamais il ne reviendra
c'est fini, voilà. C'est fini.

La jupe troussée

*

Si tu as pour moi de l'amour
je me trousse et traverse l'eau
si tu dois me quitter un jour
il y a d'autres gars aussi beaux,
mon fol ami, mon ami fou.

Si tu as pour moi de l'amour
je me trousse et traverse l'eau.
Mais si tu ne m'aimes pas toujours
il y en a d'autres aussi beaux
mon fol ami, mon ami fou.

Chanson à l'ami

*

Gentil Tchong tseu, mon beau galant
Ne viens point en catimini.
Tu briserais mes plants de saule
T'aimer je n'ose, doux ami.

Marrie je suis pour mes parents
mais par Tchong tseu mon cœur est pris.
J'ai respect pour mes père et mère
mais je redoute mon ami.

Je t'en supplie, Tchong tseu malin,
ne grimpe pas mon mur de nuit.
Prends garde à mes plants de mûrier.
T'aimer je n'ose, doux ami.

Ah si mes frères le savaient !
Pourtant Tchong tseu a ma foi.
J'ai le cœur entre peur et joie,
j'ai grand peur d'eux. J'ai joie de toi.

Je t'en supplie mon compagnon
ne saute pas dans mon jardin.
Gare aux boutures de santal
hélas, amour mon cœur est tien.

J'ai grand peur que les voisins jasent
si tu es là je me tourmente.
Je suis peureuse et amoureuse
quand tu es loin je me lamente.

Le chant du coq

La fille

Chut, écoute. Le coq a chanté.
J'entends déjà des gens dehors.

Le garçon

N'aie pas peur. Ce n'est pas le coq.
Un gros papillon cogne à la fenêtre.

La fille

Il fait bien clair vers le levant.
Et le soleil est déjà là.

Le garçon

N'aie pas peur. Il fait encore nuit.
C'est seulement le clair de lune.

La fille

C'est la lune, oui. C'est un papillon.
Que c'est bon d'être près de toi.

Le garçon

Il faut que je file. Adieu ma jolie.
Si je restais trop tu me haïrais.

*Les dix-neuf poèmes
des temps très reculés*

1

S'éloigner. S'éloigner toujours. Toujours s'éloigner.
Être vivants, mais pas ensemble.
Dix mille li et plus nous séparent.
Chacun à une extrémité du ciel.
Longue la route. Dur le chemin.
Qui sait si nous nous reverrons ?
Le cheval mongol hume le vent du nord.
Le nid de l'oiseau Yue s'ouvre vers le sud.
Plus le temps qui passe nous écarte
Plus ma ceinture devient trop large.
Un nuage voile le soleil clair.
Le voyageur ne revient pas.
Penser à lui m'a fait vieillir.
Des mois. Des ans. Déjà le soir.
Il ne sert à rien de parler de ça.
Prends soin de toi. Mange ton riz.

2

Verte verte l'herbe au bord de l'eau.
Feuillus, feuillus, les saules au verger.
Triste, triste, la dame à sa tour.
Claire, claire, assise au balcon.

Belle, belle, et du rose aux joues.
Fine, fine, main blanche entrevue.
Au pavillon de musique elle chantait jadis.
Maintenant, mariée. Un époux voyageur.
Il court les routes. N'est jamais là.
C'est triste la nuit, le lit pour soi seule.

3

Verdissants, verdoyants : cyprès dans la montagne.
Pierreux, pétrifiés : rochers dans le torrent.
Entre ciel et terre les hommes se hâtent
comme le voyageur qui doit aller loin.
Le vin qu'on boit ensemble met de bonne humeur.
A la santé des amis nous boirons gaiement.
Qu'on attelle la charrette, qu'on fouette le cheval.
Nous irons faire la fête à Nan-yang et Lo-yang.
A Lo-yang ça remue, ça remue.
Les riches vont voir les riches,
les grands vont voir les grands.
C'est plein de carrefours et de rues qui se croisent.
Les ducs et les princes ont de belles maisons.
Il y a deux grands palais qui se font face.
A l'entrée, il y a deux tours hautes de cent cordées.
On se réjouit le cœur. On se change les idées.

Triste, triste. Pourquoi, même ici,
la tristesse s'obstine-t-elle ?

4

Une fête heureuse.
Gerbe de plaisirs.
Les cordes du luth
enchantent le cœur.
Paroles et chant
allègent l'esprit.
Qui entend leur air
sent ce qui est juste
et qu'une seule voix
prononce pour tous
ce que tous sentaient.

La vie est unique
et vite effacée
comme sable au vent.
Fouettons nos désirs
et vivons nos vies.
Ne pas vouloir vivre
et courber l'épaule
c'est perdre son temps
à gémir sa vie,
les roues dans l'ornière
et le cœur en peine.

5

Au ponent il y a un palais si haut
que son toit se perd dans les nuages.
Il a des fenêtres ajourées, trois étages de galeries.
On entend résonner au loin, tout là-haut,
le son d'un luth et d'une chanson.
Triste est leur musique de mélancolie.
On dirait la voix d'une femme aussi seule au monde
que K'i Leang quand elle eut perdu
père, époux et fils.
La mélodie s'envole au fil du vent
puis se suspend, se tait, hésite,
comme si chaque note était un, deux, trois soupirs.
La plainte d'un cœur d'où déborde plainte.
Ce chant fait peine, non de sa peine,
mais d'être un chant inentendu,
sans connaisseur pour l'écouter.
Qui le perçoit, venant de si loin
voudrait devenir un couple d'oies sauvages
et en battant des ailes s'envoler tout là-haut.

6

En passant à gué la rivière
j'ai cueilli des iris bleus d'eau.
Odeur des roseaux et fraîcheur de l'air,
A qui du bouquet ferai-je cadeau ?
Celle que j'aime demeure trop loin.

Je me retourne et cherche à voir.
Mais la route est loin, si loin.
Moi et toi, ce n'est qu'un seul cœur.
Toi et moi, deux villages à cinquante li.
La vie s'éloigne, s'éloigne au loin.
Peine. Chagrin. Nous serons vieux.

7

La nuit rayonne au clair de lune.
Un grillon chante au mur de l'est.
L'Étoile Polaire a pris sa vigile d'hiver.
Chaque étoile du troupeau est précise et brille.
L'herbe est ourlée de gelée blanche.
On change tout à coup de saison.
La cigale d'automne chante dans un arbre
L'aronde s'en va, vers quel horizon ?
J'avais autrefois un camarade d'école.
Il a pris son vol. Il est monté haut.
Il a oublié l'autrefois perdu
où nous nous donnions la main.
Il m'a quitté, comme le pas quitte sa trace.
Au sud, la constellation du Vanneur.
Au nord, la constellation de la Louche.
L'amitié qui ne dure pas autant que le roc
vanne en vain, puise sans remplir.

8

Mince, mince : bambou poussant tout seul,
raciné au versant de la Grande Montagne.
Vous et moi, nouvellement mariés :
liseron qui s'accroche au lichen de rocher.

Il y a un temps pour que le liseron croisse.
Il y a un temps pour l'homme avec la femme.
Mille lieues vous séparent de moi.
Vous êtes loin, entre nous les montagnes.
La pensée de vous m'aura fait vieillir.
Que la charrette est lente à revenir.
J'ai de la peine pour l'orchidée en fleurs
qui vient d'éclore et offre son parfum.
Si nul ne vient la cueillir en son temps
elle va se faner avec l'herbe d'automne.
Mais si vous gardez intacte votre foi
votre servante n'a rien de plus à demander.

9

Dans notre cour un bel arbre.
Son verdoiement porte fleurs.
Courber les branches, les cueillir
et les donner à son ami.
Elles embaument mon sein, mes manches.
La route est longue. Elles se faneront.
En valaient-elles vraiment la peine ?
Je ressens l'absence, sens le temps qui passe.

10

Si loin, si loin, l'Étoile du Berger
Si claire, si claire, l'Étoile Tisserande.
Si fine, si fine, sa main blanche.
Glissi-glissant, le fil et la navette.
Le jour finit. La trame ne l'est pas.
Il pleut des larmes sur ses joues.
L'eau claire de la rivière n'est pas bien profonde.
La distance entre eux, c'est si peu de chose.
Coule, coule, rivière entre les deux.
Se voir, se voir, ne se parler jamais.

11

Je lâche les rênes et en avant le char !
Loin, loin, la route n'a pas de fin.
A perte de vue, la steppe, la steppe.
Le vent de l'est rebrousse les cent espèces d'herbe.
Je ne vois rien ici qui dure.
Je n'éviterai pas non plus de vieillir, ni le temps.
Mûrir, se faner :
il y a un temps pour chaque saison.
J'ai appris. Mais j'ai appris trop tard.
La vie d'un homme : ni pierre, ni métal.
Qui peut en prolonger le cours ?
Il faudra s'en aller, passer, comme tout passe.
Un glorieux renom peut-être a son prix ?

12

La muraille de l'est, haute et longue.
Elle serpente, bien enchaînée.
La bourrasque fait trembler la terre.
L'herbe d'automne, dans son dernier vert.
Quatre saisons, chacune à son tour :
A la fin de l'année, ce n'était qu'un jout.
Lire ce poème : *le Faucon* : mélancolie.
Lire *le Grillon* : tristesse de vieillir.
Il faut se libérer. Accomplir ses désirs.
Pourquoi se rétrécir, s'entraver ?

A Yen et à Tchao, que de jolies filles !
La belle au visage de jade
a une robe de soie fine.
Elle joue du luth à sa porte.
La mélodie est de cristal,
claire, et pourtant mélancolique.
Chaque note juste et tenue.
On fait un pas. Le cœur qui bat.
Puis on hésite. Et on s'arrête.

Je voudrais être l'hirondelle
qui construit son nid sous ton toit.

13

En charrette, à la porte de l'est.
Au loin, je vois le cimetière.
Dans les peupliers blancs
Le vent fait houhou hou.
Pins et cyprès le long du chemin.
Sur la terre, les vieux morts.
Noire, noire, la nuit sans matin.
Au fond profond des Sources Jaunes
les morts dorment pendant mille ans.

Coule, coule, le *ying* puis le *yang*.
Nous sommes un peu de rosée.
Courte la vie, une halte à l'auberge.
La vie résiste moins que la pierre ou le fer.
Les vivants portent les morts en terre,
puis on les y porte à leur tour.
Les saints ni les anges n'y échappent.
Ils veulent boire l'élixir de longue vie,
mais ce n'est qu'une mauvaise drogue.
Ça ne vaut pas une jarre de bon vin,
ni une douce robe de soie blanche.

14

Chaque jour les morts sont plus loin.
Chaque jour les vivants plus près.
A la porte du sud, regarde devant :
tu ne verras que sillons et buttes.

On a labouré les anciennes tombes,
On a fait des fagots des pins et des cyprès.
Dans les peupliers blancs, le vent se plaint.
Il fait hou hou : c'est triste à mourir.

Je voudrais retourner d'où je viens,
revenir au pays. J'ai perdu le chemin.

15

Les années d'une vie, ça ne fait pas un siècle,
mais ça fait mille ans de soucis.
Les jours sont courts, tant pis, longues les nuits.
Allume une torche, allons nous amuser.
Il faut attraper le plaisir quand il est là.
Comment attendre l'an prochain ?
Les sots regardent à la dépense
et leurs héritiers se moqueront d'eux.
Wang Tseu-k'iao devint immortel ?
J'aimerais bien y croire. Oui, j'aimerais bien.

16

Gelée, gelée, l'année s'achève.
Le chant du grillon est transi.
Le vent tourne à la bise.
Parti sans manteau, le voyageur grelotte.
La couverture en brocart
est restée au bord de la Lo.

Celui qui partageait mon lit
s'est en allé de moi.
J'habite seule. Les nuits sont longues.
Je rêve à lui. Je le vois.

L'ami de mon cœur se souvient de moi.
Il tourne sa charrette, me tend la main.
Il voudrait que mon sourire lui sourie à jamais,
garder ma main, et m'emmener.

A peine était-il là,
il a quitté la chambre.
Si j'avais l'aile du faucon
je le rejoindrais sur le vent.
Mes yeux cherchent une consolation.
J'essaie de le suivre des yeux.
J'hésite. Le chagrin me prend.
Mes larmes coulent sur le seuil.

17

Au premier mois d'hiver, le froid vient.
Le vent du nord souffle glacé.
Le chagrin mesure le temps long des nuits.
Je vois les ciels, étoiles en ordre.

Trois fois cinq nuits. C'est pleine lune.
Quatre fois cinq nuits. La lune décroît.
Un voyageur venu de loin
m'a apporté une lettre de lui.

Premiers mots : « Je ne t'oublie pas ».
Derniers mots : « Loin de toi
que le temps me dure ».
J'ai mis la lettre sur mon cœur.
Trois ans n'en ont pas effacé les mots.

Mon cœur plein : profond, profond.
Le savez-vous ? Le sais-tu ?

18

Un voyageur qui venait de loin
m'a remis un rouleau de soie.
Dix mille li entre toi et moi.
Le cœur aimant reste le même.
Sur la soie deux canards brodés.
J'en ferai la couverture du lit de l'amour.
Comme oreiller mes pensées de toi,
comme ourlet ma fidélité.

La gomme à vernir mêlée à la laque,
essayez donc un peu de les séparer.

19

La lune brille, blanche, blanche,
Traversant le rideau du lit.
J'ai trop de peine pour dormir.
Je soulève ma jupe, je fais quelques pas.

Quel plaisir voit-on au voyage ?
Je préfère la joie du retour.
Je sors, je marche seule.
A qui dirai-je ma tristesse ?
J'allonge le cou. Personne n'est là.
Je reviens me coucher.
Ma robe est tout humide.

T'AO YUAN-MING
365-427

T'AO YUAN-MING
365-427

T'ao Ts'en, plus connu sous son « nom de plume » de T'ao Yuan-ming, est un de ces ratés dont on fait les grands hommes. Ce qu'il rate, après la ruine de sa famille, c'est de se faire une situation officielle. Il ira vivre à la campagne la vie, à moindre frais, grandes difficultés et grandes joies, d'un gentilhomme terrien désargenté. Il lit, écrit, boit son vin de grains, chante des poèmes, plante ses pois, se serre la ceinture quand la récolte est maigre. Là-bas, très loin, les grands se déchirent, le trône est usurpé, le sang coule, l'Histoire joue les tragédies de l'Histoire. T'ao prête une oreille distraite à leurs rumeurs, rêve d'une utopie rurale communiste (dont il a fait la description dans « Source des pêchers en fleur », une sorte de vallée perdue comme la Shangrila du célèbre film américain, un lieu coupé du monde et du « *cauchemar de l'Histoire* ») et médite les grands textes taoïstes et bouddhistes. Et ne cesse d'ouvrir les yeux sur les champs, les jardins, les saisons, la vie de la nature. T'ao Yuan-ming est un de ces grands poètes qui auront vécu sans illusions et sans aveuglement, et auront cependant dit *oui* à la vie.

Le retour à la campagne

*

Jeune je n'aimais pas la vie agitée.
J'ai grandi dans l'amitié des montagnes.
C'était une erreur d'entrer dans le monde.
J'ai perdu treize ans de ma seule vie.
L'oiseau en cage songe aux forêts d'antan,
le poisson du bassin à l'ancienne rivière.
Ainsi je suis retourné vivre dans le Midi.
Je bêche mon jardin, je cultive mes champs.
J'ai peu de terre, dix *mou* à peine.
Ma maison est petite. Un orme et un saule
me font de l'ombre. J'ai des pêchers et des
abricotiers en face de la maison. Au loin
il y a les maisons des paysans. Je vois fumer
leurs cheminées dans le ciel calme. Un chien
aboie. Perché sur un mûrier, un coq chante.
Le silence habite chez moi. J'ai de l'espace.
J'ai du temps. Si longtemps j'ai vécu
en cage. Me voilà rendu à moi-même.

Il n'arrive pas grand-chose chez nous.
Il passe peu de voitures sur le chemin.
Pendant le jour les portes restent closes.
Dans la maison calme les désirs se calment.
Quelquefois je rencontre un voisin sur la route.

On parle peu. La récolte de chanvre sera bonne.
Il y aura cette année beaucoup de mûriers.
La moisson sera belle. La terre s'enrichit.
Pourvu qu'il ne grêle pas, que le gel ne tue pas tout,
laissant seulement broussaille morte.

J'ai semé des pois sur le coteau sud.
Herbe beaucoup. Bien peu de pois.
Je me lève tôt. Je sarcle et j'arrache.
A mon retour j'ai sur mon épaule
une bêche et la lune.
Étroit le sentier, hautes les herbes et les buissons.
La rosée du soir mouille mes habits.
Habits trempés ça m'est égal,
tant que je vis comme je veux.

En lisant le « Classique des Mers et des Monts »

*

En juin, l'herbe pousse, les feuilles croissent.
Autour de ma cabane les arbres font de l'ombre.
Les oiseaux sont contents d'avoir leur refuge,
et moi je suis content d'avoir un pauvre toit.
Quand j'ai sarclé mon champ et tissé mon lin
je prends un livre et m'en vais lire à l'ombre.
Il y a des ornières dans mon étroit chemin
et parfois la charrette des amis doit faire demi-tour.
Je me verse une tasse de vin du printemps
et vais cueillir une laitue fraîche au potager.
Une petite pluie vient de l'est
puis un vent doux abat la pluie.
Je lis les chroniques des temps très anciens,
je regarde les images du vaste monde.
Je dis oui à l'univers. Si cela n'est pas
le bonheur, où donc est le bonheur ?

Élégie funéraire

1

Il y a la vie. Donc la mort.
On peut mourir tôt. La vie était longue.
Hier soir, parmi vous.
Ce matin, inscrit au livre des morts.
On a soufflé l'âme. Où a-t-elle volé ?
Pour le corps tout raide une caisse vide.
Le fils que j'aimais me cherche, pleurant.
Les amis se penchent sur moi en se lamentant.
Perdre, gagner ? Je ne comprends plus.
Raison ou tort ? Je ne sais plus.
Après mille automnes, après dix mille ans
victoire ou défaite, qui se souviendra ?
Un seul regret. J'étais au monde.
J'ai bu du vin. Pas assez.

2

Vivant j'ai parfois manqué de vin.
Ce matin les coupes sont pleines.
Sur l'eau du ruisseau, écume de printemps.
Je ne verrai plus ça de longtemps.

Sur la table un bon repas.
Les amis, la famille, pleurent à côté de moi.
Je veux parler. Bouche sans mots.
Je veux voir. Yeux sans lumière.
Hier je dormais dans ma chambre.
Aujourd'hui, un trou, au milieu de l'herbe.
J'ai franchi la porte dernière.
Nuit sans aube, mon seul élément.

3

Les herbes folles, hautes, hautes.
Les peupliers, le vent, le vent.
Le gel pince quand arrive l'automne.
On a porté le cercueil hors la ville.
Aux quatre coins, pas trace des hommes.
Rien que des tombes.
Un cheval hennit au ciel vide.
Le vent souffle tristement.
Quand est fermée la chambre sombre
pendant mille ans, plus de matin,
pendant mille ans, plus de matin.
Les gens qui m'ont accompagné
vont retourner dans leur maison.
Ceux de ma famille auront de la peine.
Les autres se remettront à chanter.
Mort. En allé. Que dire d'autre ?
Le corps reste là, à flanc de colline.

La source des pêchers en fleur

*

Il était une fois, il y a très longtemps, sous le règne de l'Empereur Tai-yuan de la dynastie Tsin, un pêcheur de Wou-ling. Un jour, ayant suivi le fil de l'eau en pêchant, et sans faire attention, il se perd. Il se trouve dans une forêt de pêchers en fleur. Les arbres, tous de la même espèce, s'étendent des deux côtés de l'eau à des centaines de pas. L'herbe sent bon, parsemée de pétales qui tombent des pêchers. Émerveillé, le pêcheur se remet en route, curieux de voir jusqu'où va la forêt.

Il arrive ainsi à la lisière de la forêt et à la source de la rivière, au pied d'une montagne. Il y a une grotte dans la montagne, au fond de laquelle il aperçoit une faible lueur. Il laisse là sa barque et entre dans la grotte. Le passage est étroit. Un homme peut tout juste s'y faufiler. Mais après quelques dizaines de pas, le pêcheur débouche à ciel ouvert dans une grande plaine.

Il y a à perte de vue de belles maisons et des fermes prospères, des champs bien cultivés, des buissons de mûriers, des bosquets de bambous, des arbres. Des sentiers bien entretenus sillonnent la campagne. Des coqs chantent. Des chiens aboient. Des hommes et des femmes vont et viennent et travaillent aux champs. Mais le pêcheur s'étonne de la façon dont ils sont habillés. Leurs vêtements ne ressemblent pas à ceux de la région d'où il arrive. Vieux bonshommes aux cheveux blancs, enfants aux cheveux en queue de cheval, ils ont tous l'air paisibles et heureux.

Ils sont très étonnés de rencontrer le pêcheur et lui demandent d'où il vient. Il leur explique. On l'invite à entrer dans la première maison, on apporte du vin, tue une poule et lui offre à déjeuner. Tous les gens du village viennent voir l'étranger et lui posent des tas de questions. Le pêcheur apprend que ses hôtes sont les descendants de gens qui, il y a très longtemps, fuyant la guerre, les pillards, la famine, sont venus se réfugier ici et n'en ont plus bougé, à jamais séparés du reste du monde. « Qui règne maintenant chez vous ? » demandent-ils au pêcheur. « Les Tsin, qui ont succédé aux Wei, qui avaient succédé aux Han, qui eux-mêmes... » Mais les habitants du pays d'ailleurs n'ont jamais entendu prononcer ces noms. Le pêcheur leur dit ce qu'est la vie des hommes de l'autre côté de la montagne. Ils l'écoutent en soupirant.

Chacun, tour à tour, invite l'étranger, et le régale de bonnes choses et de bon vin. Il passe quelques jours avec eux, puis leur dit au revoir. « Surtout, demandent-ils, ne parle pas de nous aux gens de l'autre côté... »

Le pêcheur retraverse la grotte, reprend sa barque et fait le chemin du retour, en laissant partout des *marques pour pouvoir retrouver la route du pays d'ailleurs.*

Arrivé chez lui, il va en ville voir le préfet et lui raconte ce qui lui est arrivé. Le préfet envoie aussitôt des hommes reconnaître la route que le pêcheur a empruntée. Mais les jalons qu'avait laissés le voyageur ont disparu. La route se perd. Les envoyés du préfet s'égarent et reviennent bredouilles.

Lieou Tseu-ki, un très savant lettré de Nan-yang, tenta à son tour de retrouver le chemin qui conduit au pays d'ailleurs. Il n'y parvint pas, tomba malade et mourut. Personne depuis n'est parti à la recherche de la source des Pêchers en fleur et du peuple qui vit en paix de l'autre côté de la montagne, dans un temps hors du temps.

Guerres, massacres, pillages :
tel fut le temps des Tsin.
Quelques sages s'enfuirent au-delà de la montagne.
La piste et leur chemin s'effacèrent derrière eux.
L'herbe et la mousse recouvrirent leurs traces.

Ils firent fructifier la terre et ses moissons,
là où nul avant eux ne s'était établi.
Mûriers et bambous leur donnèrent de l'ombre
et les nuits leur donnèrent la paix du repos.

Ils firent pousser le riz, les pois, le millet.
Ils tissèrent la soie des vers de mûrier.
Ils n'avaient pas d'impôts à payer aux princes.

Il n'y avait pas de route
pour qu'on puisse les atteindre.

Les poules caquetaient, les chiens aboyaient.
Les modes et les usages étaient ceux de jadis.
Les enfants jouaient en bande
en chantant des chansons.
Les vieux hommes souriaient avec bienveillance.

Les moissons mûrissaient dans la gloire des étés.
Les arbres chuchotaient, caressés par les vents.
Les bourgeons juste ouverts ou la neige d'hiver
tenaient lieu d'Histoire et de calendrier.

Ils vécurent ainsi siècle après siècle
sans forcer leur travail, sans tourmenter leur esprit
Un homme vint un jour, découvrit leur asile.
Mais quand il s'en alla personne ne put jamais
 retrouver son chemin.

J'aimerais que le vent m'enlève sur son aile
et m'emporte à jamais dans le pays d'ailleurs.

WANG WEI
701-761 ?

WANG WEI
701-761

Il est peintre, calligraphe, poète, musicien, bouddhiste et économe de mots. Derrière ses vers, une nappe de silence, et à l'abri de ce silence, un *sous-texte* murmuré, avec une délicatesse extrême. N'écartons pas la formule ressassée de Mi Fou, qui admirait Wang Wei autant que nous : « *Il y a de la peinture dans ses poèmes, de la poésie dans ses peintures.* » Il ne nous est pas resté grand-chose des peintures de Wang Wei. Mais c'est vrai : ses poèmes donnent à voir, à voir la campagne et les paysages des quatre saisons. Les malheurs du temps et son goût pour la campagne alternent pour l'envoyer en exil ou le laisser partir faire retraite. Au cours de la rébellion d'An Lou-chan (en 756) Wang Wei résiste d'abord, puis se compromet dans un compromis, que l'Empereur pardonne à son retour sur le trône.
Wang Wei passera beaucoup de temps dans sa maison de campagne au bord de la rivière Wang, écrivant des poèmes alternés avec son ami P'ei Ti, lisant les grands textes bouddhistes et se promenant dans la montagne. Il mérite l'éloge de Burton Watson qui fait remarquer que Wang Wei est tellement bouddhiste qu'on ne s'aperçoit pas qu'il l'est en le lisant.
Wang Wei parle à mi-voix, mais cette voix couvre bien des voix plus puissantes en apparence, et plus explicites.

Un air de printemps

*

La pluie nouvelle mouille la colline.
Le crépuscule est un petit automne.
La lune brille entre les pins.
Le torrent est clair parmi les rochers.
A travers les bambous
j'entends rire les lavandières
qui reviennent à la maison.
Le parfum du printemps inspire puis expire.
Comment le retenir avant qu'il ne s'échappe ?

Un air de fin d'été

*

L'eau est pensive comme un ciel gris
et le rire des lavandières cachées par les bambous
voltige doucement sur l'eau sans une ride.
Les saules dénudés se regardent en silence dans le lac.
Le parfum de l'été soupire et disparaît.
Comment le retenir avant qu'il ne s'efface ?

Le parc aux cerfs

*

La montagne est vide. On ne voit personne.
On entend le bruit d'une voix au loin.
Dans l'épais du bois
les rayons du soleil de fin d'après-midi
pénètrent et font briller le vert de la mousse.

Chanson pour une nuit d'automne

*

Sous la lune qui croît, la rosée d'automne
a transpercé sa robe. Elle n'en changera pas.
Elle joue de la flûte jusqu'à la fin de la nuit.
Peur de rentrer seule dans la chambre vide.

Au bord du lac

*

On entend une flûte à la frange de l'eau.
Au coucher du soleil je dis adieu à mon ami.
Pendant un long moment je regarde le lac.
Il n'y a plus qu'un nuage blanc
qui court sur la montagne verte.

Sur l'étang aux lentisques d'eau

*

L'étang au printemps, étendu, profond.
Attendre au bout de l'eau que la barque revienne.
Souples et flexibles les lentisques d'eau,
leur réseau vert.
Tout à l'heure, en bougeant,
les branches des saules le déchireront.

*Chanson écrite à Wei-cheng
en disant adieu à mon ami Yuan qui va à Kutcha*

*

A Wei-cheng la pluie du matin a mouillé la poussière légère.
Devant la taverne, les saules sont en fleur.
Un conseil : videz avec moi une dernière coupe.
Après la passe de Yuan-kouan, les amis sont rares.

*Questionnant quelqu'un
qui revient du pays natal*

*

Vous qui revenez du pays natal
vous devez avoir des nouvelles fraîches.
Est-ce que le prunier, quand vous étiez là,
était en fleur, à la fenêtre de chez moi ?

Dans la montagne, l'automne, le soir

*

Vent qui bat la montagne après l'averse froide.
Air frais d'automne à la tombée du jour.
Lune claire à travers les pins.
L'eau claire sur les galets.
Bambous froissés : les lavandières qui reviennent.
Nénuphars qui dansent sur l'eau : le pêcheur
　　ramène la barque.
Les odeurs du printemps sont évaporées
Qui les retrouvera ? Le silence du cœur ?

Adieux à un ami

*

Je vous ai regardé
vous éloigner dans la montagne.
J'ai fermé la porte de bois
dans le crépuscule.
Quand l'herbe sera verte
au printemps prochain
l'ami sera-t-il de retour ?

Un adieu

*

Je descends de cheval,
je bois le vin que vous m'offrez.
Je vous demande : « Où allez-vous ? »
Vous répondez que vous êtes fatigué de la vie
et que vous allez vous étendre sur les versants
 lointains des collines du Sud.

Je pense qu'il ne faut pas vous poser d'autre
 question.

Les nuages blancs s'en vont dans le ciel.

Au Chan-tong penser à mon frère
le neuvième jour de la neuvième lune

*

Étranger sur une terre étrangère
Les jours de fête on pense deux fois plus qu'ailleurs
   à son frère.
Ici mon frère au loin remonte tout près en moi
Le cornouiller est en fleur. Quelqu'un me manque.

Pensées au couchant de la vie

*

Il a plu très longtemps.
Au-dessus des bois s'attarde la fumée qui respire
doucement.
Quand le millet sera cuit, on le fera porter aux
hommes dans les champs.
Au-dessus des prairies mouillées vole une aigrette
blanche.
Dans la moitié d'ombre de l'été un loriot jaune
appelle.
Et moi sur la colline je réfléchis en regardant
l'hibiscus matinal.
Je mange sous les pins un repas de légumes.
J'effeuille un tournesol tout couvert de rosée.
Je suis un vieil homme des champs.
Pourquoi courir après la fortune et les places ?
Les mouettes n'ont plus peur de moi, ni moi de
rien — qui ne suis rien.

Partir

*

Accompagner celui qui part jusqu'à la tour.
Le fleuve dans la plaine se perd dans le crépuscule.
Soleil couchant. Vols d'oiseaux qui rentrent.
Un homme s'éloigne vers le lointain.

Des nouvelles de ma maison à Wang-tch'ouan

*

Les montagnes maintenant sont froides et bleues.
Les ruisseaux de l'automne ont coulé tout le jour.
A ma porte de chaume, appuyé sur ma canne
j'écoute les dernières cigales dans le vent du soir.
Le soleil couchant s'attarde sur la rivière.
La fumée du dîner monte des maisons.

Quand serai-je à nouveau disciple du Grand Ermite
chantant un poème sauvage à Cinq Ormeaux ?

La maison à Men-kin

*

Une maison neuve à l'orée de Men-kin.
Vieux arbres, les derniers d'un bosquet de saules
　qui meurent.
Les années passeront. Qui habitera ici,
plaignant en vain celui qui y vécut avant ?

Réponse au sous-préfet Tchang Tchao-fan

*

Au soir de vivre je ne veux que paix,
oublier les dix mille soucis du monde.
Plus de besoins, plus de projets,
Mais désapprendre, revenir au vert des forêts,
Dénouer ma robe. Le vent des pins.
Mon luth qui brille au clair de lune.
Échouer. Réussir. Qu'est-ce que ça veut dire ?
Un chant de pêcheur sur l'eau immobile.

*Lettre à mon ami
le docteur ès arts P'ei Ti*

*

Ces jours-ci, à la fin du douzième mois, le temps a été clair et frais. J'aurais pu traverser la montagne pour aller vous voir. Mais je savais que vous étiez en train d'étudier les classiques et j'ai craint de vous déranger. J'ai été seul vagabonder dans la montagne. Je me suis arrêté au temple de l'Estime, j'ai soupé avec les moines et suis rentré chez moi.
Un autre jour, j'ai marché vers le nord, traversé la rivière Yuan. La lune faisait briller l'eau vive. Cette nuit-là, j'ai fait l'ascension du mont Hou-tsou et j'ai vu, tout en bas, la rivière Wang dont le cours ondulait dans le clair de lune. Sur la neige des montagnes des lumières clignotaient, s'effaçaient. J'entendais des chiens aboyer dans la plaine. Leur cri dans la nuit froide, on aurait dit des léopards. Le pilon des villageois en train de moudre le maïs alternait avec la cloche d'un monastère.
Ce soir les serviteurs sont tranquilles. Je suis assis, tout seul. Je pense aux jours passés. Nous marchions ensemble, composant des poèmes alternés, sur les sentiers le long de la montagne, au bord des torrents. Quelles plaisantes randonnées ! La vallée de Meng-cheng, la cabane de bois dans les abricotiers, la colline

des bambous, la forêt des daims, le bois de magnolias, la rive des cornouillers, la colline du sud, le lac Yi, les rapides au bas de la ferme des Luan, le lieu-dit « La Rosée dorée de printemps »...

Il faut attendre maintenant le retour du printemps, quand l'herbe et les feuillages vont recommencer à croître. Nous retournerons alors dans la montagne. Nous verrons les truites sauter hors de l'eau, et les mouettes blanches voler et planer. La rosée imprégnera le sol et à l'aube les cris des faisans monteront des champs d'orge. Ce ne sera plus bien long. Venez, venez, partons nous promener ensemble.

Si je ne connaissais pas la subtilité de vos talents, je n'oserais pas vous adresser une si vaine invitation. Mais vous savez quel intérêt extrême je vous porte. Aussi le bûcheron qui vous porte cette lettre vous dira l'amitié et le respect de votre ami Wang Wei, un solitaire de la montagne.

Ma maison sur les monts Tchong-nan

*

L'âge venu, j'ai cherché la Voie.
La maison de mon soir est au pied des montagnes.
Je vis au gré de ma seule humeur,
des plaisirs sans but, savoir et beauté.
Je marche le long de l'eau
jusqu'à ce qu'elle se perde.
Puis je m'assieds et regarde monter les nuages.
Quelquefois je rencontre un vieil homme des forêts.
Nous bavardons, rions. Personne ne nous attend,
et nous n'avons pas d'heure.

Au bord du lac Yi

*

Traverser le lac en jouant de la flûte.
Le soleil se couche. Les amis s'éloignent.
Revenir seul. La montagne est bleue.
Un nuage blanc glisse sur elle.

Les vingt poèmes de la rivière Wang

*

La vallée de Meng-cheng
Maison en sentinelle à l'entrée de la vallée.
Arbres très vieux. Saules qui meurent.
Qui sera là, plus tard,
regrettant en vain cela qui n'est plus ?

La colline de Houa-tseu
Oiseaux sans fin à tire-d'aile.
Montagnes couleur d'automne.
Se promener à pied sur le Houa-tseu.
Quand la tristesse cessera-t-elle ?

La cabane de bois dans les abricotiers
Mon ermitage entre les abricotiers.
Plantes grimpantes couvrant le toit.
Grands nuages sombres, radeaux dans le ciel,
si vous faisiez pleuvoir pour les paysans ?

La colline des bambous
Reflets des grands bambous dans l'eau :
la rivière coule verte et bleue.
Sur le sentier vers le mont Tchang
l'œil des bûcherons lui-même ne me voit pas.

La forêt des daims
Montagne vide. Personne en vue.
Voix en échos dans le lointain
Un nuage passe. Puis le soleil
réveille le vert vif de la mousse.

Le bois de magnolias
Soir. Dernière lumière sur la montagne.
Oiseaux qui volent deux par deux
ici et là du vert qui brille.
La brume qui monte ne reste pas en place.

La rive des cornouillers
Encore à demi verts, déjà devenant rouges,
les fruits des cornouillers sont comme une floraison.
Si un ami descend vers moi de la montagne
je lui offrirai du vin dans une coupe de bois.

L'allée des caroubiers
Un sentier caché dans les grands caroubiers.
Le sol est couvert de mousse verte.
Je balaierai les feuilles mortes
pour le cas où l'ermite descendrait me voir.

Un petit port au bord du lac
La barque prête à recevoir les amis.
Elle glisse au loin sur le lac.
Nous boirons du vin sur le belvédère.
Les nénuphars s'ouvrent en quatre.

La colline du sud
En barque légère vers la colline du sud.
Colline du nord à pic. Eau calme.
Sur l'autre rive, des maisons
et des gens, trop loin pour qu'on les reconnaisse.

Au bord du lac Yi
Jouer de la flûte à l'extrémité du lac.
Quand vient le soir dire au revoir aux amis.
En revenant se retourner, regarder le lac,
un nuage blanc qui passe sur la montagne bleue.

Les vagues de saules pleureurs
Les deux rangées de grands arbres.
Leurs reflets ondulent dans l'eau claire.
Plus paisibles que les saules du Palais Impérial
où le vent du printemps froid abrège les adieux.

Les rapides au bas de la ferme des Louan
Hou, *hou*, le vent pluvieux d'automne.
Shü, shü, le courant sur les rochers blancs.
Les vagues jouent à saute-mouton avec les vagues.
Les hérons ont peur et s'envolent.

La rosée dorée de printemps
Celui qui chaque jour boit du flot de la rosée d'or
il vivra plus de mille années.
Puis il sera reçu par l'Empereur de Jade
sous un dais de plume, dans le Palais d'Éternité.

Les falaises de roches blanches
Dans le clair des grandes roches blanches
il y a des baies rouges qu'on pourrait presque
   atteindre.
Les gens qui vivent sur ces rives
lavent la soie dans l'argenté du clair de lune.

La colline du nord
La colline du nord à la pointe du lac.
Un pavillon pourpre entre les arbres verts.
La rivière du sud serpente et se faufile,
brille, puis disparaît dans le bleu des forêts.

La maison ombragée de bambous
Seul, assis dans les bambous sombres.
Jouer du luth, chanter, chanter.
Perdu dans le bois où nul ne me voit
sauf la lune qui se lève — et m'éclaire.

Le raidillon ombragé d'hibiscus
Les fleurs de lotus à la pointe des branches
éparpillent du vermillon dans les collines.
La maison dans la vallée est inhabitée
et partout partout les fleurs s'ouvrent et s'envolent.

Le jardin d'arbres à laque
Celui qui planta jadis ce jardin
n'a pas fait une grande carrière.
Le modeste poste auquel il atteignit
lui laissa le loisir d'errer parmi ces arbres.

Le jardin des poivriers
Une coupe de vin de cannelle
pour saluer la Fille des Dieux
Des herbes odorantes offertes à sa beauté
nous accueillerons le Prince des Nuages
avec un festin à la sauce au poivre servi sur la natte.

LI PO
701-762

LI PO
701-762

La légende envahit sa vie comme le chèvrefeuille un prunier. On sait qu'il naît en Asie centrale, est nommé Académicien en 742, disgracié en 744 et « autorisé à retourner dans les collines ». Comme Wang Wei, il sera embringué malgré lui dans l'épisode de la révolte d'An Lou-chan en 755, et de nouveau envoyé en exil. Il en reviendra, amnistié, pour errer d'ami en ami le long du Yang-tzé. Il meurt à cinquante-neuf ans en visite chez un ami calligraphe, le célèbre Li Yang-pin.
Comme dans le *Cantique des Cantiques*, Omar Khayam et les poètes soufi, le vin et l'ivresse jouent dans la poésie de Li Po un rôle aussi important que les rivières, les fleuves, les montagnes, la nature. Si une légende veut que Li Po se soit noyé en contemplant le reflet de la lune dans l'eau, l'éloge de l'ivresse et l'apologue du reflet ont un sens évident : Li Po est un mystique secret, qui applique avant la lettre l'axiome de Wittgenstein : « *Ce dont on ne peut parler, il faut le taire.* » Ou en parler par paraboles, en poèmes. Comme Li Po, qui cherche à se faire passer pour un ivrogne, pour garder secrètes ses visions, dont sa poésie est l'écho.

Chant des Quatre Saisons

Printemps

Dans le pays de Ts'in vit la belle Lo Fou :
Elle cueille les feuilles de mûrier au bord de l'eau verte.
Sa main blanche effleure l'envers doux des feuilles.
Le soleil blanc fait briller le rose de ses joues.
« Mes vers à soie ont faim, il faut que je me dépêche. »
Passant, n'arrête pas ton cheval pour la mettre en retard.

Été

Sur le lac Miroir, long de trois cents *li*
gaiement les nénuphars déplient leurs pétales.
Quand vient le cinquième mois Si Che va les cueillir.
Les gens viennent la regarder sur le bord du Jouo-ye.
Elle rame au retour sans attendre la lune
pour retrouver son roi, le prince de Yue.

Automne

La lune est toute mince au-dessus de Tch'ang-ngan
On entend battre le linge dans cent maisons ouvertes
Le vent d'automne se plaint sans relâche.
Il vient d'où tu es, de la Passe des Portes de Jade.
Quand donc seront enfin vaincus les Tartares ?
Quand donc mon bien-aimé s'en reviendra de guerre ?

Hiver

Demain matin un courrier partira pour les frontières.
Elle a cousu toute la nuit un manteau d'hiver,
Ses doigts n'ont pas lâché l'aiguille glacée
et les ciseaux étaient plus froids encore.
Voilà. L'ouvrage est fait. Le courrier l'emporte.
Combien faut-il de jours pour atteindre Lin-t'ao ?

*S'éveillant, un jour de printemps,
après avoir bu*

*

Rêver qu'on vit ? Vivre un rêve ?
Pourquoi se faire du souci ?
Le sage est toujours ivre,
il dort le reste du temps.
Ce que j'ai fait. Me réveillant
je vis un oiseau qui chantait parmi les fleurs.
Je demandai : « Quel jour est-on ? »
« C'est le printemps », répondit-on.
« Le loriot chante. » J'ai soupiré.
La voix du chanteur me touchait.
Je me suis servi à boire
et j'ai chanté en attendant
le lever de la lune.
A la fin de ma chanson
j'avais enfin tout oublié.

Paresse

*

Le vin m'a égaré à la fin de ce jour.
Je me suis éveillé couvert de pétales.
J'ai marché le long du ruisseau dans le clair de lune.
Les oiseaux s'étaient envolés,
et séparés les compagnons.

Crépuscule, corbeaux croassant

*

Nuages d'or baignant la muraille.
Corbeaux noirs croassant sur leurs nids.
Ils voudraient se reposer.
Triste, seule, la jeune épouse soupire.
Ses mains laissent le métier à tisser
Ses yeux regardent le ciel bleu.
Elle est seule. L'époux voyage en terre lointaine.
Tous les soirs, seule, dans sa chambre
la solitude serre son cœur.
Larmes, légère pluie qui tombe sur la terre.

La vaine visite

*

L'aboiement d'un chien au loin mêlé au chuchotis de l'eau
Une légère pluie avive le rouge des fleurs de pêcher
Furtive, une biche, entrevue, à travers les arbres.
Il est midi. Le torrent coule. Nulle cloche.

Les pointes de bambou percent le brouillard
Une cascade s'accroche au sommet vert émeraude.
Personne n'a su me dire où se trouve l'ermite.
Je m'appuie aux pins, un peu mélancolique.

S'éveillant de l'ivresse un matin de printemps

*

Puisque vivre en ce monde est le songe d'un songe
ni souci, ni travail ne me le gâcheront.
Et du matin au soir je bois et je m'enivre
endormi, allongé sur le pas de ma porte.

Lorsque je me réveille, il y a le jardin,
un seul oiseau qui chante au milieu des fleurs
Je ne sais plus le jour, la saison, ni le temps.
Un loriot sans repos bavarde dans le vent.

Tant me touche son chant que je pousse un soupir.
Le vin est devant moi. Je m'en verse une coupe,
puis j'attends en chantant que la lune se lève,
et ma chanson finie je retourne à l'oubli.

Boire seule au clair de lune

*

Un flacon de vin au milieu des fleurs.
Je bois seul et sans compagnon.
Je lève ma coupe. Lune, à ta santé;
Moi, la lune, mon ombre : nous voilà trois.
La lune, hélas, ne boit pas.
Mon ombre ne sait qu'être là.
Amis d'un moment, la lune et mon ombre.
Le printemps nous dit d'être vite heureux.
Je chante, et la lune flâne.
Je danse, et mon ombre veille.
Avant d'être ivres nous jouons ensemble.
L'ivresse venue, nous nous séparons.
Puisse longtemps durer notre amitié calme.
Rendez-vous un jour dans la Voie Lactée.

Offrant le vin

*

Vois : les flots du fleuve Jaune descendant du ciel
s'en vont jusqu'à la mer et ne reviennent pas.
Vois : les miroirs de la grande salle
sont tristes de refléter tes cheveux blancs.
Ils furent soie le matin, ils sont neige le soir.
Jouis des joies de la vie comme elles viennent,
ne laisse pas ta coupe vide devant la lune,
et les dons du ciel, emploie-les.
L'or que tu jettes au vent, le vent te le rendra.
Fais rôtir le mouton, découpe le bœuf. Réjouis-toi
et d'un seul trait vide cent coupes.
Amis du clair de lune
Voici du vin, ne le refusez pas.
Je vais chanter pour vous. Écrivez-moi.

Ni les cloches, ni les tambours, ni les festins
ne sont rien pour moi.
Je ne veux qu'être ivre toujours,
et ne jamais me déguiser en personnage important.
Qui se souvient encore des grands saints et des sages ?
Seuls les grands buveurs nous ont laissé un nom.
Jadis le prince de Tch'en offrit une fête au
    monastère de P'ing-lo
et vingt mille pintes de vin régalèrent ses hôtes.

Je vous invite.
Qu'on ne dise pas que je manque d'argent.
Qu'on aille acheter du vin, et buvons-le ensemble.
Le cheval aux cinq fleurs, la pelisse de prix
va, garçon, les changer contre le meilleur vin,
pour noyer à jamais les chagrins de mille ans.

*Écouter au Sseu-tch'ouan le moine Kun
qui joue de la cithare*

*

Le moine de Sseu-tch'ouan, tout en haut du mont Omei.
Il descend vers l'ouest, il tient une cithare.
Ses doigts pour moi en caressent les cordes.
Chaque note fait murmurer dix mille pins dans la vallée
Mon cœur est purifié comme par l'eau courante.
Longtemps l'ultime écho se fond à une cloche qui sonne
et je ne m'aperçois pas que les collines vertes sont
   devenues grises
ni que les nuages d'automne ont peu à peu
   assombri la vallée.

A Tou Fou

*

Sur la Montagne du Riz Bouilli
J'ai rencontré le Grand Tou Fou
coiffé d'un chapeau de bambou
dans la brûlure de midi.
Pourquoi êtes-vous devenu si maigre ?
Est-ce le malheur d'être poète ?

TOU FOU
712-770

TOU FOU
712-770

Le voleur de poèmes n'a pas été ici un voleur très habile : sur près de 1 500 poèmes de Tou Fou, il en dérobe à peine une pincée. Il en a honte. Il s'excuse. C'est sa faiblesse qu'il faut accuser, et non sa distraction. Distraits, les contemporains de Tou Fou le furent, qui le négligèrent gravement (sur dix anthologies de poèmes publiées avant la fin du Xe siècle, une seule retient des œuvres de Tou Fou : sept poèmes en tout).
Tou Fou est pendant toute sa vie l'éternel recalé. Il échoue à tous les examens et n'obtient un poste modeste qu'à quarante-trois ans. Capturé par les rebelles pendant l'épisode An Lou-chan, il parvient à s'évader et à rejoindre les forces impériales. Il est nommé censeur en récompense de sa fidélité, mais prend sa charge tellement au sérieux, qu'il indispose les puissants. On le mute et l'éloigne. Il est pris dans l'enchaînement des désordres et des troubles et ne trouvera la paix et le loisir que pendant les sept années qu'il passe à Tch'eng-tou, au Sseu-tch'ouan. Il meurt à cinquante-neuf ans.
On a dit, très justement, que Tou Fou écrit avec la sensibilité de Tchekhov et la virtuosité de Hugo. Il parle avec émotion, mais sans un atome de sentimentalité, de la misère des paysans, des malheurs de la guerre, de la difficulté d'être un paysan chinois au long des guerres civiles. Il parle avec une justesse de ton et de regard de la campagne et des saisons. Et le brillant, le brio de ses vers, les

jeux d'allitérations, de symétries et de parallélismes, de rythmes et de rimes, ne font pas tort à la qualité des sentiments, à leur profondeur retenue.

Un visiteur est arrivé

*

Au nord, au sud de la maison
chantent les eaux du printemps.
Jour après jour, les mouettes migratrices
arrivent sur nos plages.
Sur l'herbe et les fleurs de l'allée
aucun invité n'a marché encore.
La porte d'osier s'est ouverte pour vous.
Le marché est trop loin d'ici
pour aller chercher quelque chose en plus
pour vous offrir à dîner.
Chez nous le vin de tous les jours
est un vin de pays tout à fait ordinaire.
Mais si vous voulez boire avec mon voisin
je l'appellerai par-dessus la haie
et nous finirons tous les trois la cruche.

*Sur un tableau représentant un pin
qui me fut montré par le sage taoïste Li*

*

A l'aube claire je peigne mes cheveux blancs.
Un moine du temple Yuan vient me voir.
J'arrange mes cheveux et je le fais entrer.
Il tient à la main une peinture
qui représente un pin vert.
Je m'appuie à la balustrade. Les couleurs du
dehors, le rouge des fleurs,
le bleu du ciel s'effacent.
Il n'y a plus que les falaises surplombant
les branches du pin couvertes de givre.
Sous le pin il y a deux vieux hommes
l'un qui peigne ses cheveux blancs
et un moine qui tient une peinture à la main
qui représente un pin vert.

*En contemplant un ancien
champ de bataille*

*

Je descends de cheval
sur un ancien champ de bataille.
Partout l'herbe sauvage.
Le vent gémit, les nuages glissent,
Des feuilles jaunies tombent autour de moi.

Les fourmis s'affairent sur les ossements,
Les plantes grimpantes enlacent les crânes vides.
Je marche longuement, en soupirant
devant l'horizon désolé.

Que soient maudits guerres et combats,
terreur des jeunes et des vieux,
qui couchent dans la même poussière
les généraux et les soldats.

On dit : « Nous prendrons bien notre revanche,
On les aura, nous vaincrons demain. »
Mais, couverts de haillons et mourant de faim,
Des vieillards errent seuls
dans les campagnes désertes.

Sans nouvelles du village de Meng-tsin

*

Je suis du village de Meng-tsin,
là où la rivière Houang se jette à la mer.
Il vient souvent des bateaux du sud.
Est-ce qu'ils m'apportent une lettre ?

Le vent enlève le toit de ma maison

*

Au huitième mois, en plein automne, le vent mugit
 méchant.
Il arrache les trois épaisseurs de chaume de mon toit.
Le chaume vole au vent, traverse la rivière, et
 s'éparpille aux bords.
Il y a de la paille de mon toit jusqu'aux branches
 des arbres
Il y a du chaume à moi dans tous les creux.
Les gosses du village se moquent de moi, le vieux
 n'y peut rien.
Ils savent qu'ils peuvent me voler à ma barbe et
 mon nez.
Les galopins, ils éparpillent ma paille, l'emportent
 aux bambous.

J'ai les lèvres gercées et la bouche sèche à force de
 crier après eux.
Rien n'y fait. Je reviens en soupirant appuyé sur ma
 canne.
Puis le vent tombe enfin. Il y a encore des nuages
 d'encre.
Le ciel d'automne se tait, s'assombrissant le soir.
Les vieux draps de mon lit sont froids comme de
 l'acier.

Mes enfants à force d'y gigoter leurs pieds les ont tout déchirés.
Il y a une gouttière dans le toit. Tout est humide.
La pluie tombe comme des cordes de chanvre sans fin.
Depuis la guerre, je n'arrive plus à dormir.
Quand finira la nuit trempée qui n'en finit pas de pleuvoir ?

Il faudrait construire une grande maison avec dix mille chambres.
Tous les pauvres lettrés transis y habiteraient, contents.
Vente, gèle, grêle, la maison serait solide comme un roc.
Est-ce qu'un jour je verrai bâtie cette maison-là ?

Là-haut sur la rivière

*

Deux loriots dorés
chantent dans le vent.
Un vol de cigognes
passe dans le bleu.
Je vois par la fenêtre
les montagnes de l'ouest,
leur neige de mille ans.
A l'embarcadère il y a
deux barques amarrées.
Elles viennent de Wou
à trois li d'ici.

Chant des chariots de guerre

*

Essieux qui grincent, chevaux qui hennissent.
Arc à l'épaule, carquois à la ceinture, les hommes marchent.
Parents, femmes, enfants les accompagnent.
La poussière du convoi cache le pont de Sien Yang.
Les gens courent avec eux, pleurent, s'accrochent à leurs vêtements,
leurs cris de chagrin montent vers le ciel.
Et les gens des villages demandent :
« Où allez-vous ? »
« On ne sait pas. Mais on y va... »
Il y en a qui s'en vont à quinze ans vers le nord
et d'autres à quarante vers les camps de l'ouest.
Le chef de la commune les coiffe d'un turban.
Ils ont les cheveux blancs au retour, et ils repartent à nouveau.
Aux avant-postes de l'Empire, un océan de sang.
Mais l'Empereur Wou veut davantage de territoires.

« Vous n'avez pas entendu parler,
dans les montagnes de l'est,
des villages par milliers
où pousse la mauvaise herbe ?
Il n'y a plus que les femmes pour tenir la charrue.

Le riz est devenu sauvage. Les bornes sont tombées.
On dit que les Chinois sont rudes à la bataille.
Mais c'est que les officiers les poussent
comme des troupeaux de volailles,
comme des chiens.
Et si on demande « Ça va ? »
qui oserait se plaindre ?
On s'est battu vers l'ouest tout l'hiver.
Mais le sous-préfet veut faire rentrer les impôts à force.
L'argent des impôts, où voulez-vous qu'on le prenne ?
Croyez-moi : il vaut mieux donner le jour à des filles.
On peut au moins les marier à des voisins.
Mais les garçons c'est promis à la boucherie
et à la tombe !

Vous pouvez voir, au bord de la mer Bleue,
les ossements des morts blanchis par le soleil.
On entend la plainte des morts de la veille
qui se mêle à la plainte des morts d'autrefois.
Ils crient sous le ciel noir, et dans la pluie.

Le sergent recruteur de Che-hao

*

S'arrêter un soir au village de Che-hao.
Un sergent recruteur y vient rafler des hommes.
Un vieil homme saute le mur.
C'est la vieille qui va ouvrir la porte.

Le militaire est en colère, il crie.
La vieille a grand-peur, elle pleure.
La voix de la vieille sur le pas de la porte :
« On m'a pris mes trois fils pour se battre à Ye-tch'eng.

Le dernier nous a écrit une lettre.
Ses deux frères ont été tués.
Celui qui survit aimerait vivre encore.
Ceux qui sont morts sont bien morts.

A la maison, plus personne.
Juste un bébé qui tète encore.
Sa mère qui le nourrit
n'a même pas de jupe pour aller dehors. »

La vieille qui n'a pas l'air très forte
demande au sergent qu'il l'emmène.
« Je peux tout de même être utile.
Je ferai cuire la soupe des hommes. »

La nuit dans le village on parle à voix basse
on entend quelqu'un pleurer.
Quand le jour est revenu
j'ai dit adieu au vieux. Il reste seul.

La pluie nocturne

*

La bonne pluie sait quand tomber.
Elle arrive au printemps pour aider les graines.
Elle choisit son vent, sa nuit, son temps.
En silence elle imprègne la terre.
Les nuages sont épais dans le ciel silencieux.
On aperçoit seulement une lampe sur la barque
là-bas, sur la rivière. Demain tout sera luisant.
Les champs de Tch'eng-tou seront tous en fleurs.

Nuit d'été

*

Odeur des bambous frais dans la chambre.
Dans le jardin, clair de lune sauvage.
Goutte à goutte, la rosée, cristal.
Une à une, les étoiles claires.
Une à une, les lucioles dans les coins noirs.
Les poules d'eau s'appellent d'une rive à l'autre.
Au loin le monde entier se fait la guerre.
Assis sur mon lit, j'écoute et réfléchis.

Le retour tardif

*

Tombée du jour. Je reviens
d'un voyage sur la Piste du Tigre.
Les montagnes sont noires.
A la maison, chacun dort.
La Grande Ourse descend
boire à la rivière.
Les étoiles sont très grosses
dans le ciel très clair.
J'allume la lampe à la porte.
Un singe a peur et crie
là-bas, dans le ravin.
J'entends au loin le veilleur
qui annonce la deuxième veille.
Il a son bâton à la main.
Tout est tranquille. Tout est bien.

PO KIU-YI
772-846

PO KIU-YI
772-846

Le « lettré de la montagne parfumée » définissait ainsi sa poésie : « *Je désire seulement faire connaître à l'Empereur, par mes odes, la misère du peuple.* » Sous le règne de Mao Tse-tong il était fort mal vu de vouloir faire connaître au souverain la misère du peuple, et beaucoup d'audacieux y perdirent leur liberté, leur santé — ou leur vie. Mais Po Kiu-Yi était à cette époque le modèle du « poète engagé », inoffensif puisqu'il dénonçait les fautes ou les crimes du passé et non ceux du régime.
Souvent prolixe et plat, Po sait pourtant être simple et vrai. La juste virulence de sa critique sociale, les poèmes qu'il appelle « *compositions écrites avec l'intention de sauver le monde* » ne l'empêchent pas d'être attentif à ses « voix intérieures », de rester ouvert à l'univers naturel, et d'avoir l'audace de tenter une poésie narrative, satirique ou didactique, dont il y a peu d'équivalents dans la poésie des T'ang.

*En allant au temple de Sien-yeou
passer la nuit tout seul*

*

Une grue sur une patte
endormie sur les marches.
La lune sur l'étang
devant la porte ouverte.
Là où ils sont
je fais ma demeure.
J'y dormirai deux nuits
sans pouvoir repartir.
Je suis heureux d'avoir trouvé
un lieu si calme et solitaire,
pas d'ami pour me faire sortir.
Depuis que je connais la saveur du silence
je n'ai plus besoin ici de personne.

Les paysans

*

A Hiu-tcheou, district de Kou-fong
Un petit village nommé Tcheou-chen.
Il est très éloigné de la grande cité,
environné de chanvre,
ombragé de mûriers.
Les métiers à tisser y cliquettent gai.
Les charrettes à âne grincent
dans ses ruelles.
Les filles s'en vont au puits.
Les enfants s'en vont
ramasser le bois mort.
Les gens de Tcheou-chen sont pauvres,
ils n'ont pas souvent
affaire au gouvernement.

Vivants ils sont
les habitants du village de Tcheou-chen.
Morts, ils sont
la poussière du village de Tcheou-chen.

Une fleur ?

*

On dirait une fleur. Ce n'est pas une fleur.
On dirait une brume. Ce n'est pas une brume.
Cela vient à minuit.
Cela part au matin.

Cela vient comme un rêve de printemps
qui s'efface au réveil.
Cela vient comme un nuage du matin.

Vous ne trouverez cela
nulle part.

A celui qui est loin

*

J'essaie d'oublier, mais j'essaie en vain.
J'essaie de partir, mais aucun chemin.
Il n'y a plus d'axe dans mon essieu.
Ma tête a neigé des cheveux tout blancs.
Assis, regardant tomber les feuilles d'octobre,
je monte parfois en haut de la tour
regarder brumer le gris crépuscule
et la tristesse entre, lente, dans mes yeux.

La chanson du Pivert

N'achetez pas de ciseaux fins,
tout l'or du monde n'y pourra rien.
La peine a poussé dans mon cœur,
nul ciseau ne la coupera.

N'aiguisez pas la fine alêne,
car vous travailleriez en vain.
J'ai un grand nœud dans ma poitrine
que personne ne dénouera.

Ne teignez pas la soie en rouge,
la pourpre ne changerait rien
car au chapelet de mes larmes
le fil cassé est sans couleur.

Ne dites pas : « Viens près du feu »,
la chaleur m'oppresserait.
Si j'ai du givre sur la tempe
aucun feu ne le fera fondre.

Pas de ciseaux pour le chagrin,
pas d'alêne pour le cœur noué,
pas de teinture pour l'humeur,
pas de feu pour le froid dedans.

Mais il suffit d'un peu de vin.

Le silence et le vent

*

Mon luth repose sur la table
Je flotte au courant de mes songes
A quoi bon égrener un air ?
Le vent en·effleurant les cordes
saura chanter ce que je tais.

Nuit d'hiver

*

Ma maison est pauvre.
Ceux que j'aimais ne sont plus là.
Mon corps est malade.
Je ne peux pas rejoindre la fête.
Pas d'âme qui vive à portée. J'ai fermé le verrou.
Je suis couché tout seul dans ma chambre.
Ma lampe est cassée, elle éclaire peu.
Mes stores sont usés, troués, ils joignent très mal.
« Pchee, pchee » sur les marches et sur les toits :
c'est la neige nouvelle qui commence à tomber.
Plus je vieillis, moins je dors.
Je me réveille à minuit, je m'assieds dans mon lit.
Si je n'avais pas appris l'art de s'asseoir-et-oublier
comment supporterais-je l'extrême solitude ?
Raide et courbatu mon corps se penche vers la terre.
Mon âme accepte la loi du Tao et des Mutations.
C'est comme ça depuis quatre années monotones,
depuis mille et trois cents nuits de ma vie.

Les serments inutiles

*

L'année dernière
malade et couché
j'ai fait le vœu
de ne plus toucher
une goutte de vin
de toute ma vie.

Qui pouvait savoir
en cette année-là
ce qu'apporterait
le printemps nouveau
en cette année-ci ?

Et me voilà, moi
sortant de chez Lieou
paisiblement saoul.

*En disant adieu à Hia Tchan
qui s'embarque sur la rivière*

*

Parce que vous êtes vieux
et que vous embarquez
mon mouchoir est mouillé.

Vous avez soixante-dix ans,
nulle maison ne vous attend,
passager de la solitude.

Vent qui se lève, vaisseau qui part.
Un vieil homme à la tête blanche
sur les vagues à la crête blanche.

Nuit solitaire au début de l'automne

*

Les fines feuilles du mûrier auprès du puits.
Les filles du village, en battant le linge
font chanter l'automne.
Sous l'auvent je me suis couché
et j'ai dormi seul.
En m'éveillant j'ai vu
par la fenêtre ouverte
la lune endormie
dans son lit sans moi.

Les Amandiers en fleur du village de Tchao

*

Quinze ans durant
souventes fois
je suis venu
voir l'amandier
s'ouvrir en fleur.

Je me fais vieux :
septante trois.
Mes vieilles jambes
ont bien du mal.

Cette fois pour sûr
sera la dernière.
C'est pourquoi je viens
dire un long adieu
aux fleurs d'amandier.

LI CHANG-YIN
813-858

LI CHANG-YIN
813-858

Sa carrière officielle ne fut pas très brillante. Son talent littéraire parut vite éclatant. On lui prête des amours que ses poèmes rendent vraisemblables : les sœurs Song, deux moniales taoïstes, les sœurs Li, dames de la cour, et d'autres, qui traversent ses vers, dans la brillante pénombre de leur ambiguïté. Lycophron, Maurice Scève, Gongora, Mallarmé : c'est à cette très ancienne et constante famille qu'appartient Li Chang-yin. Avouons-le : une famille qui m'intimide. Les poèmes de Li sont tissés d'échos, d'allusions, de citations masquées, de jeux de miroirs, et de récurrences. Mais cette science souveraine est au service d'un feu d'amour secret qui depuis onze siècles brûle sous la cendre du temps.

La cithare sculptée

*

Pourquoi ma cithare a-t-elle cinquante cordes ?
Pourquoi ai-je vécu cinquante années ?
Chacune a résonné puis le son s'en est éteint !
Tchouang tseu fut-il un homme rêvant d'un papillon
ou bien un papillon qui a rêvé d'un homme ?
L'Empereur Wang s'est-il par honte
    d'amour réincarné en coucou
ou fut-il un coucou qui s'était réincarné en Empereur ?
A la pleine lune, au fond des mers,
les perles pleurent des larmes.
Sur le mont Indigo, à la canicule,
le jade fait naître de la fumée.
Ce que je suis et sens mûrira peut-être, mémoire,
ou bien s'évanouira,
un rêve où le rêveur a rêvé qu'il rêva.

Les correspondances

*

Au bord du pistil de la même fleur
l'abeille mâle et la papillonne
Leurs vies vécues en même temps
sont-elles ensemble dans le temps ?

Elle est le lilas de printemps.
Chacune de mes pensées d'elle
fait fleurir sur ses jeunes branches
le bourgeon qui pensait à moi.

Le melon d'eau étend ses vrilles,
son vert de jade dans l'eau froide.
Ses couleurs sont fraîches belles.
Qui osera goûter à son parfum de chair ?

La branche de saule se penche sur le puits.
Un pétale de lotus sèche sur le rivage.
Le poisson sur terre aspire à l'eau.
L'oiseau dans l'eau aspire à l'air.

Tout va par deux : l'Étoile du Bouvier
et l'Étoile Tisserande, la Terre et le Soleil.
Pourquoi aujourd'hui sur le lac
suis-je seul à regarder un couple de canards ?

La séparation

*

Notre rencontre fut amère
Se séparer l'est encor plus.
Le vent d'est est retombé
et les cent fleurs se sont fanées.
Le ver à soie file son fil
jusqu'au moment où il en meurt.
La chandelle brûle sa cire
puis s'éteint toute consumée.
Je regarde dans le miroir
mes cheveux qui s'éclaircissent.
La lune froide ne dit rien.
La chanson triste est sans écho.
Nous nous retrouverons peut-être
ou bien jamais. Je ne sais pas.
Mais il se peut que dans le ciel
l'oiseau Wang le sache pour nous.

*Écrit pendant une nuit de pluie
pour être envoyé à la maison*

*

Tu me demandes « Quand reviens-tu ? » Je ne sais pas.
La pluie nocturne descend du mont Pai troublant le
　lac d'automne.
Quand serons-nous tous deux autour de la chandelle
　à la fenêtre de l'ouest
en train de parler ensemble de cette nuit où la pluie
　descendait du mont Pai ?

Cœur troublé

*

L'autre nuit les étoiles. L'autre nuit le vent.
Vous à l'ouest dans le Pavillon Pourpre. Moi au
Pavillon de l'est.
Nos corps n'ont pas d'ailes de phénix
  pour voler côte à côte
et pourtant un fil d'or va de votre cœur au mien
Nous n'étions pas à la même table
  pour jouer au loto et boire du vin nouveau
Nous n'étions pas dans le même camp pour jouer
  aux énigmes
La nuit passe
La flamme des bougies à leur fin rougeoyait.
Les tambours du matin appelaient au travail à nouveau.
Je suis remonté à cheval. En chemin vers le Palais
j'étais comme les herbes folles dans le vent.

Séparation

*

Nous retrouver est difficile. Vivre séparés est difficile.
Le vent d'est est retombé. Les cent fleurs sont fanées
Son fil une fois tissé le ver à soie meurt.
La chandelle ne sèche ses larmes
   que lorsqu'elle n'est plus que cendre.
Au miroir du matin vos cheveux grisonneront.
Vous réciterez la nuit des poèmes.
Vous frissonnerez au froid du clair de lune.

La montagne des Fées n'est pas si loin qu'on le dit.
Mais où est l'Oiseau Bleu qui m'y emportera ?

A une dame

1

Quand vous dites « Je viendrai »
Mots en l'air. Vous disparaissez nulle trace
Le clair de lune descend lentement en biais
sur le toit. La cinquième veille sonne
J'ai rêvé que nous étions séparés pour toujours.
Je m'éveille en pleurant.
Je vous écris en hâte, impatient que l'encre sèche.
La bougie éclaire le dessus de lit qui n'a pas été défait.
Votre parfum s'exhale du peignoir vide posé sur le lit.
Amant de la déesse le jeune Lieou trouvait bien
    lointaine la montagne des Fées.
Je sais qu'il y a dix mille montagnes
    plus lointaines qu'elle.

2

Wouhoutou chuchote le vent d'est.
Premières gouttes de l'averse.
De l'autre berge de l'étang monte le grondement
    d'un presque tonnerre.
La porte est fermée. Ouvrons-la. Brûlons l'encens

Un tigre de jade tient la corde du puits.
Puisons de l'eau.
Le Prince Han jadis aimait d'amour la princesse Ki
   qui se dissimulait derrière un écran de soie.
Le Prince Weï parvint à conquérir la Reine du
   fleuve Lo.
Ne laisse pourtant pas ton cœur
fleurir trop au printemps.
Chaque pas vers le désir, un pas vers la cendre

WEN T'ING-YUN
813-870

WEN T'ING-YUN
813-870

Le voleur de poèmes, ici, non seulement dérobe sans vergogne à son caprice, mais tire à lui scandaleusement ce poète. Wen, très lié à Li chang-yin, est lui aussi un poète savant, un maître des formes difficiles et de ce qu'on nomma « le style de palais ». Ce que je lui ai dérobé donnera une idée bien incomplète et fausse du maître, du modèle. Il devient, sous la plume du voleur, un ermite, un promeneur des champs et des montagnes, un rêveur solitaire. Ce qu'il est aussi, mais pas seulement. Qu'on pardonne les fautes du Français, qui a un peu beaucoup trahi son inspirateur chinois.

Au début de l'automne dans la montagne

*

Aux approches de la montagne, le froid survient tôt.
Air vif et clair. Cabane de chaume.
Arbres nus. Soleil vif à travers la fenêtre.
Dans la citerne pleine à ras bord, eau silencieuse et calme.
La piste des singes parsemée de noix tombées.
Feuilles mortes froissées : les sabots d'un cerf.
Une simple cithare, un cœur en liberté
jouent en mineur accompagnant le chant
d'une cascade claire dans la nuit.

Chanson du feu de chaumes

*

Je me réveille pour regarder les collines du sud.
Dans la montagne les champs sont en feu.
Des taches rouges qui semblaient depuis longtemps
 éteintes
repartent en flammes et se rejoignent.
Le feu en haillons escalade la pente
s'arrête aux à-pics, repart sur les pentes vertes,
s'use, s'essouffle, expire en flammèches,
et rougeoie en bougeant sur les chaumes lointains.

Un vieux voisin, qui parle le dialecte de Tch'ou
s'appuie sur sa bêche, et tristement dit :
« Chez ceux de Tch'ou et ceux de Yue
c'est la coutume après la moisson
de faire des brûlis dans les champs.
Les insectes grouillent autour des haricots germés.
Les buissons sont en fleur devant les maisons.
Les cochons rentrent tard dans la porcherie délabrée.
Les poulets ont de quoi picorer dans la cour
Au Nouvel An, les pluies ont cessé.
On entend partout les tambours des processions.
Les gens apportent de l'argent aux oracles.
Ils brisent des tuiles pour connaître le sort,
déchiffrent les hexagrammes. L'oracle conseille :

retournez sur la montagne.
sous les mûriers et les pruniers.
On allume le feu avec des joncs.
Les faucilles brillent comme du sucre de canne.
Le vent amène la fumée de feuilles de chênes brûlées.
Des étincelles jaillissent sur les nuages du couchant.
Des brandons volants tombent sur les marches. »
Le vieux hoche la tête. Il soupire et renifle.
Les jeunes filles rentrent la belle moisson.
Tout ce qu'il sait, c'est que les belles soies
couleur bleu or de cormoran royal
iront aux riches. Le paysan doit payer ses impôts.

Chanson de la pêche à la nasse

*

Pour la pêche de l'aube, pose les nasses à l'est de la ville.
Pour la pêche du soir, pose les nasses à l'ouest de la ville.
Le bruit des avirons s'amortit dans les nénuphars.
Place la nasse en eau profonde.
Si tu veux attraper des grosses comme la main
il y a des ronds sur l'eau dans les endroits à carpes
et des bulles qui montent entre les fleurs d'eau.
Le vent est froid dans la pluie qui tombe drue.
Les canards s'abritent sous les noisetiers d'eau.
Quand on remonte les nasses l'eau fait briller les filets
dans le soleil, et des gouttes fluides tombent sur la
   bâche du bateau.
Les berges de la Tchou sont couvertes de fleurs écloses
Au loin sur les canaux on entend chanter.
La rivière continue son chemin. La pluie s'arrête.
Le courant sous le ciel s'en va, bleu et pur,
exactement du bleu des ailes de sarcelles.

En passant devant un palais en ruine

*

Lourde rosée, brume épaisse, herbe drue.
Des arbres poussent sur les balcons.
Les branches de saule pleurent sur l'embarcadère.
Les fleurs brisées jonchent la cour.
Où s'en sont allés les joyeux buveurs ?
A la cinquième veille, la lune pâlit
et chante un loriot.
Où est le parfum des vies embaumées ?
Je pense à elles. Mon cœur se serre
L'élégant belvédère est en ruine
La route a disparu.
Le paysage est pareil à toujours
mais le travail des hommes s'efface
Quand je passe devant l'entrée
mon cheval se met à hennir.

Jardin, nuit

*

Dans le jardin
la terre jonchée
de chatons de marronniers

Les brusques averses
du jeune printemps
fouettent les plates-bandes

Elles font jaillir
les pivoines pourpres
et font tomber
les fleurs d'abricotier

Je n'arrive pas
à dormir
Je ferme les yeux
et me retourne
sur l'oreiller

Déjà le jour
J'ouvre la porte
sur l'odeur
de la terre mouillée.

Près du lac au sud de Li-chou

*

Air glacé goutte à goutte des sommets.
Ma chaumière couverte de givre.
Arbres nus. Soleil et brume à la fenêtre
Eau du lac immobile et haute.
Regarder les singes ramasser des fruits.
Entendre la nuit les sabots des cerfs
dans les feuilles sèches.
Jouer de mon vieux luth. La mélodie
endort ma peine. La voix claire de la cascade
m'accompagne dans la nuit.

Nocturne

*

Ciel clair
miroir de nuit
hameçon de lune.

Rides sur l'eau
éclairs de tristesse
cœur du voyageur.

Goutte à goutte
note à note
larmes du luth.

Barque à l'amarre
au bord du lac
clapote l'eau.

Ce que je fus
s'en va aux nuages
loin de mon corps.

Rêves qui s'évaporent
fumée qui se dissipe
eau qui s'enfuit.

Joies d'autrefois
où êtes-vous ?
Fleurs de prunier
au fil de l'eau.

LI YU,
DERNIER EMPEREUR
DES T'ANG DU SUD
936-978

LI YU,
DERNIER EMPEREUR DES T'ANG DU SUD
936-978

Dernier empereur des T'ang du Sud, fils de l'empereur Li King (916-961), il lui succède alors que déjà l'empire est divisé et que vient de s'établir au nord la dynastie Song. Li Yu régnera quinze années, jusqu'à ce qu'il soit contraint en 975 de faire sa soumission à l'empereur Song. Il vivra jusqu'à sa mort prisonnier dans son palais. Les vainqueurs l'humilièrent du sobriquet de « Marquis de la Désobéissance au Destin », puis l'empoisonnèrent probablement, de crainte qu'il ne complote contre eux. Il avait quarante-deux ans. Souverain érudit, peintre et musicien, ses poèmes ont la mélancolie d'un Charles d'Orléans chinois — un Charles d'Orléans qui ne sait plus sourire. « *Là où je suis,* écrit-il à la fin de sa vie, *mon visage est baigné de larmes du matin au soir.* »

Une rangée de montagnes.
Deux rangées de montagnes.
Montagnes très loin.
Ciel très haut.
Brume sur l'eau glacée.

Chrysanthèmes fleurissent.
Chrysanthèmes se fanent.
Oies sauvages volant haut.
Voyageur jamais revenu.
Vent et lune qui effleurent
l'écran de bambou.

Écrit sur l'air de la « Chanson de Tseu-ye »

*

Comment s'épargner la tristesse,
les regrets de la vie des hommes ?
Pourquoi suis-je si seul et accablé,
quel terme à ma douleur ?
Je m'en retourne en rêve à mon ancien royaume
et je m'éveille pour sentir mes larmes couler.

Avec qui montais-je les degrés des hautes tours ?
Je me souviens.
Nous regardions le paysage de clair automne.
Tout ceci le passé, images enfuies, images mortes
qui furent les instants d'un seul rêve effacé.

Sur l'air « Murmure du sable tamisé »

*

Les choses du passé ne sont plus que tristesse.
Elles remontent en moi,
sans que je puisse les écarter.
Le vent d'automne gémit dans les cours vides
et la mousse a envahi les marches du palais.
Les rideaux sont immobiles.
Personne ne vient de tout le jour.

Mon épée d'or ne sortira plus du fourreau
et ma jeunesse s'en est allée, vannée aux vents.
Dans la fraîcheur du soir, sous le ciel immobile,
quand la lune se lève, je pense aux tours de jade
et aux palais de marbre qui les reflétaient.
Ils brillent encore, déserts, sur la rive oubliée.

Sur l'air « Murmure du sable tamisé »

*

La pluie tombe et s'écrase sur le store.
Le printemps est passé et s'éloigne.
La couverture de soie ne me protège pas du froid
de la nuit finissante. Mais je rêve
et dans mon rêve j'oublie que je suis en exil,
je rêve que je suis joyeux.

Je ne devrais pas m'appuyer à la balustrade :
torrents et collines à perte de vue.
Vous quitter me parut facile.
Nous retrouver, impossible.
L'eau s'écoule, les fleurs tombent,
le printemps meurt.
Là-haut, le ciel. Ici, la terre des hommes.

Sur l'air « Musique claire et calme »

*

Depuis le jour de nos adieux,
la mi-printemps est arrivée.
Mes yeux ne voient autour d'eux que tristesse.
Au bas des marches il neige des fleurs de prunier.
A peine les a-t-on balayées, j'en suis déjà recouvert.
Les oies sauvages ne m'ont pas apporté de nouvelles.
Longue est la route, brefs sont mes songes.
Le mal du pays, c'est l'herbe du printemps :
plus long est le voyage, plus haute est la prairie.

Sur l'air « Cris des corbeaux dans la nuit »

*

Je monte en silence
à la chambre de l'ouest.
La lune, mince hameçon.
Les arbres dans la cour
en prison dans l'automne.
Le chagrin de l'absence
les ciseaux le déchirent
sans le traverser,
les doigts le démêlent
sans le dénouer.
Il reste dans le cœur
un parfum triste-amer.

Sur l'air « Vagues sur la plage »

*

La pluie clapote, la pluie pianote
sur le store. Le printemps s'en va.
J'ai beau m'être couvert d'une couette de soie
l'aube me réveille avec ses doigts froids.
J'étais en train de rêver que j'étais libre :
je goûtais dans mon rêve les plaisirs d'autrefois.

Je m'accoude au balcon dans la lumière pâle.
Rivières et montagnes plus loin que l'horizon.
Se séparer est si aisé, se retrouver est difficile.
L'eau s'écoule, se fanent les fleurs,
le printemps s'en va. Tout passe et s'efface
sans laisser de trace, sur terre ni dans le ciel.

Le dernier poème

*

Fleurs de printemps, lunes d'automne
jusqu'à quand nous succéderez-vous ?
Qui peut se souvenir du passé innombrable ?
Cette nuit le vent d'est soufflait sur ma prison.
Le clair de lune me ramenait à ma demeure perdue.

Balustrades sculptées, escaliers de marbre
Rien n'a dû changer, mais ma jeunesse est morte
Mon souffle est ralenti par la mélancolie,
par le fleuve sans fin qui s'écoule vers l'est.

Le chant du pêcheur

*

L'écume des vagues neige par rafales,
poiriers et pêchers s'arc-boutent
contre le printemps venteux.
Une jarre de vin, une canne à pêche :
qui peut se dire plus heureux sur terre ?

Je souque sur la rame : le vent de printemps
fait dériver la barque.
Une ligne de soie fine, un hameçon mince,
du vin de l'année tant que j'aurai soif :
sur les dix mille vagues je vagabonde, libre.

SOU TONG-P'O
1036-1101

SOU TONG-P'O
1036-1101

Échecs politiques, défaites de carrière, une douzaine (au moins) d'exils et de bannissements alternent avec des périodes de grâce et de pouvoir — plus de deux mille poèmes. Il me semble que Sou che, plus célèbre sous le nom de Sou Tong-p'o, mérite qu'on emploie à son sujet la formule devenue *bateau* : « Sou Tong-p'o, notre contemporain ». Il marie l'expérience mystique et le sens de l'humour, la connaissance de Lao tseu, de Tchouang tseu, et la pratique du *chan* avec la vivacité d'attention et de plaisir donnée à la vie quotidienne. Il est capable du lyrisme le plus somptueux et de la langue la plus familière, tour à tour (ou simultanément) contemplatif et ironique, mélodieux et narquois, tendre et sarcastique. Le voleur de poèmes partage totalement l'opinion du meilleur spécialiste anglo-saxon de Sou, Burton Watson, qui le tient pour le plus grand poète de la dynastie Song.

Chanson de l'eau

*

Lune brillante, es-tu si loin de nous ?
Ma coupe à la main, j'interroge le ciel.
Dis-moi, lune, dans ton univers
quel est le jour, quelle est l'année, et le pourquoi ?
J'aimerais m'envoler, emporté par le vent.
Mais j'ai peur que dans les dédales de son souffle
mon corps ne soit transpercé de froid.
Je danse pour faire naître mon ombre,
une silhouette.
Mais la vie est meilleure sur terre, et je pleure.
Sur les lits cramoisis, sous les tuiles de couleur
le sommeil est lent à venir.
Il faudrait ne pas regretter
ce qui a déçu notre cœur.
Comme le flux et le jusant,
comme les mariés de la joie
la lune, de son plein à son vide,
est cette perfection immobile
ce qui est et qui n'est pas.
Et nous, ici nous demandons
la vie longue, et l'amour,
qui ne vont pas ensemble.

Dans un bateau, la nuit, se réveillant

*

Un petit vent froisse les joncs et les roseaux.
J'ouvre l'écoutille pour regarder la lune.
Le clair de lune inonde le lac.
Les bateliers et le gibier d'eau
partagent le même rêve.
Les gros poissons, effrayés,
fuient comme des renards.
Ni les hommes ni les choses dans le tard de la nuit
ne sont attirés les uns par les autres.
Je suis seul à me divertir
des choses et de leurs ombres
d'un courant invisible de la rive,
des vers de vase dans l'eau froide,
d'une toile d'araignée
qui se découpe sur la lune à son coucher.
La vie fugitive s'écoule, maladies et soucis.
La pure vision passe devant nos yeux comme un éclair.
Aurore. Le chant d'un coq. Une cloche qui sonne.
Des vols d'oiseaux.
Le tambour va battre à la proue,
et les mariniers s'appeler.

Le dernier jour de l'année

*

L'ami qui s'en va à des milliers de lieues
et qui va nous quitter, il remet et remet encore
l'instant de s'en aller.
Quand les hommes se séparent,
ils savent que peut-être ils ne se reverront pas.
Cette année qui s'en va, comment la retrouver ?
Je me demande où elle s'en va,
cette année qui finit ?
Bien loin, certainement, au-delà de l'horizon.
Elle est partie comme une rivière qui coule vers l'est
et se perd dans la mer sans espoir de retour.
Mes voisins de gauche préparent du vin chaud.
Mes voisins de droite font rôtir un cochon.
Ils auront une journée de joie
pour se consoler d'une année de soucis.
Nous laissons s'en aller cette année sans regret.
Laisserons-nous partir sans plus de peine
l'année qui va venir ?

Tout passe et tout s'en va,
rien ne revient jamais.
Nous vieillissons. Nous faiblissons.

Sur la route de Sin-tch'eng

*

Il souffle un vent d'est doux.
Il marche dans les montagnes.
Des nuages blancs s'accrochent aux pics
comme des bonnets de soie.
Au sommet des pins
le soleil, cymbale polie.
Les pêchers sont en fleur
au-dessus des palissades de bambou.
Le long du torrent, les saules
frissonnent doucement.
Les gens des montagnes de l'ouest
savent comment être heureux :
une bonne soupe au melon
et des pointes de bambou frites
après les semailles de printemps.

La terrasse sous la neige

*

Dans le crépuscule doré la pluie
tissait ses fils de soie.
Pendant la nuit le ciel
s'est éclairci. Le vent est tombé.
Il a commencé à froidir.
Mes couvertures sont devenues
humides et froides.
Sans que je m'en aperçoive
la neige a commencé
à saler ma chambre.
A la cinquième veille,
au premier clin d'aurore,
j'ai tiré le rideau de mon bureau.
Pendant le reste de la nuit
j'ai écouté le gel
qui faisait craquer les tuiles du toit.
Au matin je suis monté
sur la terrasse du nord
et j'ai regardé les Dents du Nord.
Elles sont claires, sans nuages.
On distingue les deux sommets.
Là-haut, dans le soleil levant,
au-dessus des toits du village
les corbeaux volent en cercle.

La boue des rues est recouverte
de blanc. Pas encore de traces de
chariots. La glace sur les toits
des boutiques a posé de la jade blanche.
La neige a saupoudré
de riz le seuil des portes.
Les dernières cigales
se sont cachées depuis longtemps dans la terre.
Il leur faudra maintenant
creuser à plus de mille pieds profonds.
Quelques nuages s'amassent
couleur de mousse sèche.
Mes rhumatismes me font mal.
Peut-être jamais plus
ne pourrai-je écrire ?
Les stalactites au bord du toit
résonnent dans le vent
claires épées de quels assassins ?

Inviter la lune

*

Je lève ma coupe et j'invite
la lune à descendre du ciel.
J'espère qu'elle acceptera.
Je lève ma coupe, et je demande
aux branches en fleurs
de boire avec moi. Je leur
souhaite longue vie et leur promets
de ne jamais les cueillir.
Alors, la lune, les fleurs et
moi, nous nous enivrons
de compagnie. Aucune de nous
ne se soucie du bien, du mal.
Qui peut comprendre mon plaisir ?
J'ai du vin, la lune, les fleurs
Qui me ferait besoin ?

Plus faible le vin

*

Plus faible le vin,
plus facile d'en boire deux coupes.
Plus mince l'habit,
plus facile de le doubler.
Le laid, le beau sont opposés.
Mais quand on a bu
l'un est pareil à l'autre.
La laide épouse et la maîtresse querelleuse
devenues vieilles sont semblables.
Vis ignoré si tu veux t'accomplir.
Écoute la voix du bon sens.
Évite la Chambre des audiences impériales,
la Salle des Fleurs de l'Est,
la poussière du temps,
le vent de la Passe du nord.
Cent ans c'est beaucoup de temps
mais cela finira pourtant.
A quoi bon, quand tout finira,
être un corps riche ou un corps pauvre ?
On place dans la bouche des morts illustres
des joyaux de jade et de perle
pour honorer leurs corps défaits.
Ça ne leur fait ni bien ni mal,
mais après un millier d'années

cela enrichit les pilleurs de tombes.
La poésie donne joie au poète
et les sots n'y prennent pas garde
mais une chance d'avancement
les fait devenir rouges de joie.
L'homme juste est le pire ennemi de l'homme juste.
Le vin est la meilleure récompense du mérite.
Le Bien, le Mal, la Joie, la Peine
ce sont les visages du Vide.

Instants au bord du lac

Un peu de brise dans les joncs
murmure à peine.
J'ouvre la porte de la chambre
la lune pleut son clair
sur l'eau du lac.
Les poissons fuient,
renards agiles.
Partout la nuit.
Les hommes les choses s'ignorent.
Seule mon ombre
joue avec moi.
La houle de nuit
dessine des vers de terre bougeants
sur la berge.
La lune dégringole
le long des saules
comme une araignée
suspendue à son fil.
La vie s'en va,
vont les soucis.
Je vis un instant
que le temps efface.
Le coq chante. Une cloche sonne.
Les oiseaux s'enfuient
et sur le lac les pêcheurs
font retentir les tambours
pour dire : il est temps de rentrer.

Le Pêcheur

1

Le pêcheur boit.
D'où vient son vin ?
Il vend son poisson et ses crabes
Peu de vin. Assez pour être ivre.
L'argent ne lui importe guère.

2

Le pêcheur est ivre.
Son manteau de paille oscille.
Ivre il cherche son chemin
Sa barque va au fil de l'eau.
Il se réveille sans savoir où.

3

Le pêcheur se réveille
à midi, sur l'eau d'été.
Pétales, chatons de saule entrent dans ses rêves.
Ivre et dégrisé, sobre et ivre,
Il rit de l'univers, du passé, du présent.

Le pêcheur rit et rit.
Il s'envole comme une mouette
dans la rivière de brume et pluie.
Sur la berge, à cheval, passe un fonctionnaire
qui demande où est le bac.

En pensant à sa femme morte

*

De plus en plus loin
dix ans nous séparent.
Une morte. Un vivant encore.
Même si j'essaie
je ne peux l'oublier.
Sa tombe est solitaire
à des milliers de li.
Où pourrais-je la retrouver
et lui dire que je suis seul ?
Elle ne me reconnaîtrait pas
si nous nous retrouvions :
gelée blanche sur mes cheveux
et poussière sur mon visage.

Ce soir, revenant à la maison
dans un rêve de mélancolie
je l'ai vue, brossant ses cheveux
au clair de la petite fenêtre.
Nous nous sommes regardés sans rien dire.
Les larmes coulaient sur nos joues.
Je sais l'endroit
où chaque année mon cœur se brise.
C'est le sommet d'un pin
par une nuit de lune.

Pensées de la mi-automne

*

La vie des hommes est un rêve.
Les mortels passent peu d'automnes.
Quand la nuit tombe sur ma terrasse
les feuilles chuchotent dans le vent.
J'ai déjà des cheveux blancs.

Quand le vin n'est pas cher je suis triste
d'avoir peu d'invités.
Quand la lune est pleine je regrette
que les nuages la cachent souvent.

Qui se réjouira avec moi
de la nuit solitaire à la mi-automne ?
Je lève ma coupe vers le ciel,
mes yeux se tournent vers le nord.

Sur l'air « Immortel sur le fleuve »

*

Cette nuit j'ai bu sur la colline de l'est.
Dégrisé, j'ai bu de nouveau.
A la troisième veille je rentre à la maison.
Mon petit valet ronfle comme un moulin.
Je frappe à la porte. Personne ne vient.
Appuyé sur ma canne, j'écoute couler la rivière.

Je regrette beaucoup de ne pas être sage.
Encore plus de ne rien comprendre à la vie.
La nuit avance. Une brise calme ride les eaux.
J'aimerais m'en aller sur ma barque légère,
m'abandonner au flot le reste de ma vie.

YANG WAN-LI
1124-1206

YANG WAN-LI
1124-1206

YANG WAN-LI
1124-1206

« *L'homme champêtre du cabinet de travail de la Sincérité* » fut un des maîtres de la poésie des Song du Sud. Il poursuivit une carrière officielle presque sans histoires, sinon le courage dont il témoigna en s'opposant à la fin de sa vie à un haut fonctionnaire assez méprisable. Mais sa passion primordiale fut la littérature : « *Comme d'autres ont eu la passion des femmes, j'ai eu celle de la poésie* », disait-il. (Il ne semble d'ailleurs pas, à le lire, qu'il ait été indifférent aux femmes.) Yang, comme beaucoup de poètes chinois, a pratiqué le bouddhisme *T'chan*. C'est le *T'chan* qui informe son célèbre texte sur la poésie : « *Qu'est-ce que la poésie ? Si on me dit que c'est une affaire de mots, je répondrai : Un bon poète peut se passer des mots. Si on me dit que c'est une affaire de sens, je répondrai : Un bon poète peut se passer de significations. Mais, me dira-t-on, si vous abandonnez les mots et abandonnez le sens, où est la poésie ? A quoi je répondrai : Oubliez les mots, oubliez le sens, la poésie est encore là.* » Dans l'usage des mots, auquel il n'avait pas renoncé, Yang a souvent recours à la langue parlée. Ce qui le fit juger « vulgaire » par certains pisse-froid de son temps. Il laissait dire et constatait que dans une pauvre maison de thé, que les « gens bien » considéraient peuplée de gens « grossiers », une branche de myrte dans un simple vase bleu dénotait un extrême raffinement.

Après une nuit passée au temple du Vautour

*

J'ai cru cette nuit entendre la pluie.
Au réveil, c'est soleil.
Ce n'était qu'un torrent qui grondait dans la nuit.
J'approche de sa rive. Il semble muet, immobile.
Quelle voix il avait, la nuit, dans la montagne !

En prenant à l'aube le bac à Ta-kao

La brume cache la rivière et la montagne
On devine un village à l'aboiement des chiens
et aux caquettements des poules.
Le ponton du bac est couvert de givre.
L'empreinte de mes pas est la première du jour.

Chant de mélancolie 1

Je n'ai pas envie d'ouvrir un autre livre.
Je suis las de la poésie. Je voudrais autre chose.
Mais mon esprit est sans repos, il erre et traîne.
Compter les gouttes de la pluie
sur le toit de toile huilée.

Chant de mélancolie 2

*

Je me chante le poème juste achevé.
Puis je m'endors.
Je suis papillon volant aux huit coins de l'univers.
Sous la coque du bateau,
les vagues font leur tonnerre
mais il fait silence dans l'eau du sommeil.

La mouche froide

Une mouche
qui se chauffe sur l'embrasure de la fenêtre.
Elle frotte ses pattes au soleil du matin
Elle a l'air de savoir que l'ombre va tourner.
Elle bourdonne. Et change de fenêtre.

Ma lessive

A midi, je mets mes habits à sécher au soleil.
A la fin du jour je les replie
et les rapporte à la maison dans un coffret de saule.
Les femmes rient en me voyant passer.

« Qui est donc ce vieux bonhomme
qui va nu-pieds ? »

Bulles sur l'eau

Le plus précieux trésor, qui peut l'apercevoir ?
La perle du Dragon Noir apparaît un instant
puis s'efface. Et la clarté sur le front de Bouddha
l'homme ordinaire un instant l'entrevoit, puis la perd.

*La promenade le matin
le long de l'allée des sapins*

*

Après la pluie, la fraîcheur a fraîchi la forêt.
Le vent a venté le ciel.
Le matin est clair comme cristal.
Suivant mon nez j'ai exploré des chemins inconnus
et me suis fait très peur en faisant peur aux bêtes.

Sentiments d'automne

*

J'ai redouté toujours les longs étés.
Le clair automne, c'est ce que j'ai le plus désiré.
Pourquoi alors, à l'approche d'octobre
suis-je mélancolique au lieu d'être heureux ?
L'automne est la saison des livres et des pinceaux
L'automne est le temps du luth et des chansons.
Les nuits plus longues sont propices aux parties de vin.
Les champs moissonnés sont ouverts aux vagabondages.
Les collines, les torrents au sud de la rivière
en un après-midi remplirent nos yeux.
Qu'on me prépare mes chaussures de marche !
Où puis-je aller, sans que l'horizon s'arrête,
au-delà des collines, où puis-je aller,
ailleurs, très loin ?

*Une nuit d'hiver dans un bateau de pêche
j'observe le lever de la lune*

*

Amarré dans la crique j'ai attendu la lune.
Elle tarde à se lever, comme si elle le faisait exprès.
Je reviens à la maison, ferme la porte, découragé.
Soudain par la fenêtre la lune
surgit sur les mille falaises blanches
Je repars en bateau pour aller regarder
l'astre de glace suspendu
comme un gong d'argent clair
à une branche de pin.
Il y a des poètes qui disent qu'à la mi-automne
la lune est la plus belle, et son clair le plus clair.
Je hoche la tête en entendant dire ça.
Pour moi, dans l'année, la lune reine des lunes
c'est la lune d'hiver, rincée par les flocons,
lavée à l'eau glacée, la lune levée tôt
qui court dans l'étendue de bleu couleur de glace,
la lune qui se reflète dans l'azur du lac
comme un disque de jade flottant sur les eaux.
Oui, la lune d'hiver et les pruniers en fleur
surpassent pour mon goût les plaisirs de l'automne.

En traversant le gué de Ta-kao
le matin du 5ᵉ jour du 1ᵉʳ mois de l'année 1180

*

Enveloppés dans une brume épaisse,
on devine à peine montagne et torrents.
Chiens qui aboient,
coqs qui chantent,
le village doit être là-bas.
Sur le pont du bac,
blanc de gelée blanche,
s'inscrit en craquant
l'empreinte de mes pas.

*Un soir en train de rêver
dans mon cabinet de travail*

*

Je ferme la porte mais ne peux rester en place.
J'ouvre la fenêtre, je respire l'air frais.
Un bouquet d'arbres m'ombrage du soleil chaud.
La pierre d'encre sur mon bureau
a des reflets de jade vert
Je prends et repose des rouleaux de poèmes.
Les premiers vers que je lis me plaisent.
Le second poème me rend triste.
Je le regrette. Je ne peux pas lire davantage.
Je marche de long en large dans la pièce.
Les Anciens avaient sans doute
leurs raisons d'être tristes
mais mon esprit est plus clair que la rivière
et qu'ai-je à faire des malheurs d'autrefois ?
Pourquoi me tourmenter avec les chagrins
    des Classiques ?
Je chasse ces pensées. Je ris tout haut
A pleine voix une cigale encourage le soleil.

Maisons de thé au bord de la route

*

Le long de la route il y a deux ou trois maisons de thé.
Souvent le matin elles n'ont pas d'eau bouillante,
et même pas de thé.
En déduisez-vous que ces gens sont grossiers ?
Regardez sur la table : une branche de myrte en fleur
dans un simple vase bleu.

LA PAIX DES CHAMPS

LA PAIX DES CHAMPS

Entrer en poésie chinoise, c'est entrer en nature. On découvre ce paysage que les peintres Song ont mille fois parcouru, le grand fleuve avec la minuscule barque et le minuscule pêcheur, la montagne voilée de brume, les singes qui rient dans les arbres, une cabane sous un figuier, une porte de bois couverte de mousse, un étang fleuri de lotus, un saule pleureur qui égrène ses chatons. Il est possible, il est probable que la plupart des poètes chinois ont passé plus de temps dans les bureaux impériaux, à gratter du papier, qu'à planter des melons, cueillir des iris ou plaindre la dure vie des paysans. Mais pourtant, ce qui leur importait, et subsiste d'eux, c'est ce qu'on a appelé « le sentiment de la nature », sentiment si naturel pour eux qu'ils ne lui ont pas donné de nom.

*Un poème
de la suite Le Pavillon des Orchidées*

*

La neuvième année de Yong-ho (353), l'année de Kouei-tch'ou, le troisième jour du troisième mois, à la fin du printemps, nous nous sommes réunis au Pavillon des Orchidées. C'était la Fête de la Purification. Il y avait là des hommes de talent, jeunes et vieux. Les montagnes sont hautes et les pics altiers, épaisses les forêts et touffus les bambous. Il y a de clairs ruisseaux et des torrents galopants, dont les eaux reflètent les bords. Nous nous assîmes sur la rive. Nous n'avions ni luths ni flûtes, mais nous bûmes et chantâmes, assez pour libérer nos sentiments. La journée était claire et ensoleillée, la brise chantonnait. Nous levions les yeux : immense, l'univers. Nous regardions autour de nous : ce qui existe était inépuisable. Nous laissâmes nos regards refléter la variété du monde, et notre souffle libre, pour épuiser la joie de voir et d'entendre. Joie parfaite, celle de ce jour.

Au-dessus, le plein ciel bleu
Au-dessous, la pleine eau verte.
Extrême solitude : horizon sans borne.
Devant nos yeux, la trame se dessine

dans la magnificence du Tao.
Millions de différences
et nulle part une dissonance :
chaque note unique, brève ou longue.
Se sentir à l'unisson de toutes.

WANG HI-TCHE
321-379

*Suivre le cours du torrent Tsin-tchou, franchir le col
et descendre le long de l'eau, dans la montagne.*

*

Les singes crient. C'est donc l'aube.
La vallée dans l'ombre. Pas de lumière encore.
Entre les pics, nuages accrochés.
Fleurs au sommet, rosée en gouttes.

Tournant brusque, au-dessus du torrent.
Plus loin, franchir le col. Un rocher
surplombe l'eau. Traverser
le pont de bois. Plus haut encore.
Ilots dans l'eau. Suivre son cours.
Prendre plaisir à ses détours.
Fétus qui tourbillonnent dans le courant
Pollen en poudre sur les eaux calmes.
Penché d'un rocher remplir son gobelet.
Casser une branche, tailler ses bourgeons.

Il me semble apercevoir quelqu'un tout là-haut
avec un manteau en feuilles de figuier.
Je ramasse un bouquet d'iris
Je pense aux amitiés perdues.
Beauté partout. Assez pour plaire au cœur.

Voyant tout ça, j'oublie de me soucier.
Je lâche prise. Clair. Calme. Ouvert.
Libéré.

SIE LING-YUN
385-433

En faisant l'ascension du point le plus élevé de la Porte de Pierre

Au matin, grimper, escalader les falaises à pic.
Le soir se reposer dans un abri de montagne.
Le chalet à la crête d'un pic ouvert,
au bord d'un torrent qui serpente.
Un bouquet d'arbres dans la cour.
Un escalier de grosses pierres.
Rochers escarpés. Des éboulis coupent le chemin.
Bambous épais. La route est perdue.
Celui qui monte a oublié le nouveau chemin.
Celui qui redescend a perdu la trace de la vieille piste.
Glou-glou dit le ruisseau du soir qui dévale en courant.
Shiao-shiao crient les singes de nuit.
Obscurité. Pas d'autre loi :
Garder la Voie. Ne pas attacher son cœur
aux troncs sans feuilles de l'automne.
Que l'œil se réjouisse des bourgeons du printemps
Vivre à l'accoutumée. Attendre la fin.
Heureux d'avoir établi sa demeure dans l'harmonie.
Triste d'être sans un proche ami,
avec qui monter ensemble à l'échelle verte des nuages.

SIE LING-YUN
385-433

D'une promenade faite au Pavillon du Sud qui est près de Yong-kia

Fin du printemps. Ciel qui s'éclaircit à la fin du jour.
Le vert renvoie les nuages chez eux.
Le soleil se dépêche vers l'ouest.
Forêt épaisse. Une brise fraîche pourtant s'y attache.
Au loin un pic cache à demi le rond du soleil.
Maladie. Longtemps au lit.
Appesanti et obscurci par le mal.
Maintenant de ma terrasse je surveille la route vers la ville.
Iris d'eau peu à peu recouvrant les allées.
Lotus fleurissant sur la peau de l'eau.
Avant que j'aie eu mon plein
du vert du printemps vert
le feu de l'été commence à faire bouger l'air.
Triste, soupirer. La nature agite mon cœur.
Zébrés de blanc mes cheveux gris coulent dénoués.
Vivre était une fête, toute musique et tout vin.
D'un seul coup grand âge et maladie nous sautent dessus.
J'attendrai les pluies de l'automne avant de m'en aller.
Autrefois je savais garder immobile mon ombre
   couchée sur le rivage.
A qui pourrais-je faire comprendre ce que je veux ?
Seuls les vieux amis sentent
ce qui se passe dans mon cœur.

SIE LING-YUN
385-433

*Écrit sur le lac, en revenant de la maison
de montagne de la Falaise de Pierre*

*

Temps qui change à l'aube et au crépuscule.
Torrents, cavalcade de l'eau à travers la lumière claire,
la claire clarté qui rend tout joyeux.
Calme, le promeneur oublie de rentrer chez lui.
Au-dessus de la vallée, le soleil est encore haut.
Mais montant dans la barque,
maintenant la lumière baisse.
La forêt, les ravins s'habillent de couleur sombre,
Les nuages du couchant rejoints par la brume du sud.
Lotus et iris, feuilles qui brillent une par une.
Les uns contre les autres le vent froisse roseaux et joncs,
se pousse à travers eux, et galope vers le sud,
retournant se coucher dans son lit
au-delà de la porte de l'Est.
Pensées déliées. Le poids léger des choses au-dehors.
Esprit dénoué. Rien de mal n'est.

Vous, chercheurs du secret de très longue vie,
essayez quelque temps cette façon de vivre.

SIE LING-YUN
385-433

Au Pavillon des Orchidées

*

Éclat des fleurs dans la forêt.
Éclairs des poissons dans le torrent.
Sur la rive, jeter sa ligne :
bonheur de prendre, de ne rien prendre.

WANG PIN-TCHO
vers 400

En exprimant ce que je ressens

*

Milieu de la nuit. Je ne peux pas dormir.
Je me lève et joue un peu du luth.
La lune brille à travers le mince rideau.
Un vent frais se faufile dans ma robe.
Au-dessus des champs l'appel d'un cygne sauvage.
Dans le bois du nord le chant d'un oiseau de nuit.
Je marche de long en large. Qu'est-ce que j'ai donc ?
Rien. Juste un peu d'angoisse dans le cœur.

JOUAN TSI
210-263

Pensées de l'automne précoce :
un poème envoyé à Lou Wang

L'automne précoce entre dans ma pauvre demeure
austère et nue comme la terre alentour.
On a creusé porte et fenêtre dans une grotte.
Il y a partout des livres
comme des brindilles dans un nid d'oiseau.
Quand je fais mon lit, je dérange les grillons.
Quand j'époussette mes coffrets,
je trouble les araignées.
Quand il fait beau,
je bois dans mes mains l'eau de la source.
Je bats la mesure de ma paresse
avec une branche de glycine.
Presque tous mes genévriers sont petits et rabougris.
La trace de mes pas a creusé des marches
dans les pierres.
Mes cassiers nains perdent des feuilles grosses
    comme le poing
et les bourgeons de pins sont maigres comme
    de petits doigts.
Les grues passent en criant avec l'accent de l'est,
les faucons passent avec le *bang* d'un arc.
Je ne prends pas les médicaments qu'on m'a
    ordonnés.
Je suis trop paresseux pour recopier mes poèmes.
Mon cœur fatigué me tient éveillé dans la nuit
et je gratte ma pauvre tête dans la brise fraîche.

Les feuilles d'ormeaux sont comme la barbe des flèches.
Les vrilles de la vigne vierge comme des cordes de fouet.
Les champs craquelés sont remplis de taros pourpres.
Les treilles basses cachent des citrouilles vertes.
Mes vieux cyprès ont l'air d'avoir la gale.
La mousse à l'ombre brille comme du vernis.
Les grenouilles coassent dans les fossés envasés
et les belettes entrent dans ma cuisine.
J'oublie toute la journée
de mettre écharpe et bonnet
et je m'aperçois le soir que je n'ai ni mangé ni bu.
Je suis plein de sentiments, et j'ai l'air pourtant
d'une statue de bois.
Je reste muet, comme une cloche sans battant.
Quand l'envie m'en vient,
j'aimerais avancer dans le savoir du Sage.
Quand je n'ai rien à faire, j'aimerais être savant
dans la lecture des hexagrammes.

Seuls les hommes avisés sont avares de paroles
tandis que les gens ordinaires discutent à tort et à travers.
A quoi bon annoncer en vain les désastres ?
Quelle figure faut-il faire pour décourager la moquerie ?
J'aimerais mieux que ma carcasse après moi
s'en aille en poussière. En attendant
le renard avisé ne tombe pas dans le piège.
Celui qui est insouciant rencontre le serpent et les fauves
et aucune bête pourtant ne lui fait mal.
Le monde aujourd'hui grouille de mille scorpions
et l'homme de vertu est promis aux épreuves.

Je vis sans gloire, heureux que le monde me rejette.
Né stupide, je laisse le temps
en passant m'amender.
La lumière du plein jour m'est devenue plaisir,
et les nuages bleus sont devenus mes amis.
Un homme instruit
doit imiter Maître T'ao Yuan-ming
qui préféra l'exil à se plier aux caprices des grands.
Je ne quitterai pas ma modeste demeure
pareille à la Montagne des Trois Maîtres de Sagesse.
Ici les daims courent librement le long du torrent
et les plantes grimpantes poussent sans contrainte
emmêlées à la brume. Le Gardien des Singes
quand avec colère ils demandent davantage que
quatre noisettes le matin et trois le soir
les calme en leur accordant avec ruse
trois noisettes le matin et quatre le soir.
La Mère de la Potion magique
promet à tous de guérir leurs maux avec sa potion.
Je ne bougerai plus désormais de ce petit espace.
Avoir à compter avec les bureaucrates
n'est pas mon affaire.
Qui s'écarte de sa voie est la proie des démons.
Si je suis d'un naturel stupide, le ciel a dû le vouloir.
Mieux vaut être laissé en paix comme une courge amère
que mangé comme un melon doux.

P'I JE-HIO
833-883

Le dernier jour de loisir

*

Feuilles pourpres voltigeant lent. Crépuscule.
Vider un pichet de vin sous la tonnelle.
Éclaircies des nuages sur le mont T'ai-houa
mais une averse au loin sur le versant ouest.
Sur la muraille de l'est le vert des arbres se détache.
Dans le lointain le grondement du fleuve à son estuaire.
Demain il faudra retourner à la Cité Impériale :
une journée encore à pêcher à la ligne
et à fendre du bois.

SIU HOUEN
Fin du IXe siècle

Le poète parle aux pins et aux bambous

*

Odeur de la jeune herbe dans la cour,
son manteau vert déroulé.
Le poète se tient sur le seuil.
Ses cheveux sont gris et blancs.
La maladie est déjà en lui.

Je ne supporte plus la tristesse de l'automne.
Vous, les pins dans la pluie,
Vous, les bambous dans le vent
cessez enfin de soupirer.

WEI TCHOUANG
836-910

Écrit sur l'air « Saules pleureurs le long de la rive »

                                *

Vert des martins-pêcheurs alignés sur la rive déserte.
Dans la brume qui s'étend, au loin une tour.
Son ombre se reflète dans l'eau claire de l'automne.
Les chatons de saule pleuvent sur la tête du pêcheur.
Dans les creux des souches les poissons se cachent.
Les racines au passage éraflent le bateau.
Leur froissement dans le vent et la pluie nocturne
fait naître des rêves qui glissent dans l'obscurité.

YEOU HIUAN-KI
843-868

Précoce automne

*

Les nuits s'allongent. Notes claires d'un luth qui
joue dans l'ombre.
Le vent d'ouest froisse les vrilles de la treille.
Les dernières lucioles retournent se cacher dans la rosée.
Les premières oies sauvages traversent la Voie Lactée.
Le noir des grands arbres se découpe sur l'aube.
Le jour naissant déplie les collines au loin.
Quand à Houai-nan tombe la première feuille morte
on sait que les vagues sont déjà fortes
sur le lac de Tong-t'ing.

SIU HOUEN
Fin du IXe siècle

Chanson du méchant corbeau
qui attaque mon pauvre âne terrorisé

*

Vieux corbeau du mont Tchang tu es vraiment méchant.
Avec ton bec plus effilé qu'un pic,
plus aigu qu'une flèche
va piquer des insectes ou va gober des œufs.
Mais pourquoi faire du mal à ma pauvre bête ?
Depuis l'an dernier, exilé à Chang-yeou.
Je n'ai qu'un âne boiteux pour porter mes affaires.
Il a grimpé pour moi les monts de Tchin et Tchan
amenant avec nous des centaines de livres.
Les cordes des ballots ont écorché son dos.
Il a mis six mois à guérir de ses plaies.
Mais hier, toi le corbeau, tu as foncé sur lui
rouvrant à coups de bec les vieilles cicatrices.
Il s'est mis à braire, mon domestique à crier.
Tu t'es envolé. Je te voyais sur le toit,
content, lissant tes plumes et claquant du bec.
Qu'est-ce que mon âne et mon domestique
auraient pu faire sans arc et sans filets ?
Mais prends garde.
Le mont Tchang est plein d'oiseaux de proie.
Je vais emprunter au voisin son faucon de chasse
Il a des serres d'acier et les griffes aiguisées.
Il te tordra le cou et mangera ta cervelle

et ça ne servira pas seulement à son déjeuner
mais aussi à venger mon pauvre âne boiteux.

WANG YEOU-TCH'ENG
954-1001

En route vers le village

*

A cheval. Sentier de montagne.
Chrysanthèmes qui jaunissent.
Sans but, à loisir, avancer, au courant des pensées.
Murmure des torrents aux ravins. Bruits du soir.
Sommets des montagnes. Se taire.
S'attarder. Soleil couchant.
Feuilles de pommiers sauvages
et de poiriers qui tombent rouges.
L'automne. Un champ de sarrasin en fleur
et son odeur de neige, soudain.
Je chantonnais. Pourquoi soudain suis-je si triste ?
Village, pont de bois, plaine, arbres.
Tout ici ressemble à mon village natal.

WANG YEOU-TCH'ENG
954-1001

Pensées au hasard notées en été

*

Nuages d'été, cavalcade de bêtes
qui se dissolvent, vagues d'écume.
Soleil les éclaire, les pousse le vent,
minces un moment, puis denses de blanc.
Les croire sans forme ? Les voir sans dessin ?
Fuyants, légers, sans profondeur,
nuages ordinaires, pensée qui se pense.

WANG YEOU-TCH'ENG
954-1001

En se souvenant du lac de l'ouest

1

En barque. Avirons courts. Il fait bon sur le lac.
Eau verte qui va. Courant paresseux.
Odeur des herbes aquatiques qui poussent sur la digue.
Le chant d'un pipeau flottant dans l'écho.

Pas un souffle. Eau calme et lisse qui miroite.
A peine un coup de rame, la barque glisse
laissant deux rides dans son sillage.
Sur la grève un hoche-queue chante
en se balançant sur deux notes.

2

Printemps à sa moitié. Il a plu cette nuit.
Il fait bon sur le lac.
Les herbes font assaut d'élégance.
Festival de papillons. Concert d'abeilles.
Il va faire beau.
Le feu du soleil va faire surgir les bourgeons.

Au loin, une jonque aux rames de magnolia appareille.
Ou bien des filles-fées, leur reflet dans les vagues ?
Bondissent-elles sur l'eau, chevauchant le vent,
jouant de la flûte et du luth, au loin, très loin ?

3

Pétales par essaims envolés. Mais il fait bon sur le lac.
Confetti rouges jetés secoués éparpillés.
Le saule pleureur glisse vers la brume qui glisse.
Le saule résiste au vent toute la journée.

Un air de flûte vagabonde. Un voyageur s'éloigne.
Le printemps printanier rend mon cœur vacant.
Je laisse retomber le mince rideau.
Il pleut. Le couple d'hirondelles rentre à la maison.

NGEOU-YANG SIEOU
1007-1072

A l'estuaire du fleuve Kiang-ning

*

J'aborde à l'estuaire du fleuve.
Lune pâle. Auberge déjà éteinte.
Elle était en train de fermer.
Un vieil érable plus mort que vif
étend ses branches sur la rive.
J'amarre le bateau. Je crois partout voir
les cicatrices des années.

WANG AN-CHE
1021-1086

Sur l'air de « Pure musique sereine »

*

Où s'en est retourné le printemps ?
Calme. Tristesse. Pas de piste à suivre.
Si vous savez où se cache le printemps
dites-lui qu'il revienne et reste avec moi.

Pas de nouvelles du printemps. L'avez-vous vu ?
Le loriot peut-être sait où il est parti.
Mais ce que dit l'oiseau, qui peut le traduire ?
Il chante sur un rosier, puis s'envole au vent.

HOUANG T'ING-KIEN
1045-1105

La tranquillité

*

La barrière de mon jardin, qu'on ne l'ouvre pas.
Les gens abîmeraient la mousse verte sur le sol.
Le soleil commence à brûler. On ne se croirait pas
au printemps. Quand le vent porte, j'entends les bruits
du village. Ma femme lit les classiques.
Elle me demande un mot qu'elle ne comprend pas.
J'ai soif. Mon fils me verse à boire
une coupe de vin. J'aimerais bien avoir un jardin
avec des mirabelles jaunes et des prunes rouges.

LOU YEOU
1125-1210

Les mouches

*

Dans le Midi, il n'y a pas encore besoin
de feu à la dixième lune.
Si les mouches vous ennuient, pardonnez-leur.
Les pauvres : le premier gel les emportera.

LOU YEOU
1125-1210

J'aimerais sortir, mais je trouve la pluie

*

Le vent d'est
fait pleuvoir
pour embêter
le promeneur.
Le chemin
change son sec
en boue liquide.
Les fleurs dorment
les saules pleurent.
Le printemps est
un grand paresseux.

Personne ne sait
que je suis bien plus
paresseux que lui.

LOU YEOU
1125-1210

Le petit jardin

*

L'herbe mouillée
de mon jardin
vient chatouiller
la maison du voisin.
J'ai des groseilliers
et trois chênes épais
ombragent le chemin.
Je suis tranquille.
Je lis un recueil
de poèmes sur le Tao.
Je ne comprends pas tout,
alors j'en profite
pour aller bêcher,
faire un lit de terre
à mes melons verts.

LOU YEOU
1125-1210

Autobiographie

*

J'ai un nouveau potager, d'environ deux acres,
trois petites maisons couvertes de chaume, assez
   vermoulues.
Ma santé est un peu meilleure depuis que ma
   maladie est finie.
Les nuits de prime automne sont fraîches et agréables.
Quelquefois le vin doux m'enivre, d'autres fois non.
Il ne me reste que la moitié de mes livres déchirés.
Je souris souvent, conseille au pauvre moi tout seul
de ne pas être triste quand ce n'est pas nécessaire.

                                         LOU YEOU
                                         1125-1210

Sur la route de Chang-ting

*

Au relais de Chang-ting
je passe tard dans la nuit.
Les torrents et les montagnes
sont vraiment admirables,
aussi je les admire.
Chantant tout seul
un vieil homme
est assis devant sa maison.
La nature écrit vraiment
de bien beaux poèmes.
Les oiseaux m'accompagnent
en chantant dans le bois.
Il tombe des aiguilles de pin
sur le sable du chemin.
Appuyé sur ma selle
je reste immobile.
Mais n'accusez pas mon cheval
s'il oublie d'avancer.

LOU YEOU
1125-1210

*Extraits des 60 quatrains de Fan Tch'eng-ta
(1226-1193) sur « Les quatre saisons des champs
et des jardins »*

Début du printemps

Inutile de se raconter des histoires :
la récolte sera maigre.
Les semailles faites, il faut compter
avec les oiseaux et les gamins.
Mauvaises herbes, aubépines, pousses de bambou.
Soyons rusés. Malins pêcheurs,
nous tendrons nos filets dans les cerisiers.

Fin de printemps

Lac. Ciel. Solitude. Lotus, leurs jeunes racines
couleur d'ivoire.
Feuilles vertes des lis d'eau. Immobilité. Silence
Herbes au vent. Prunes bientôt mûres. Les cueillir.
Regarder, paresseux, les joncs enfoncer de côté leurs
    jeunes pousses.

Entre printemps et été

Papillons par paires dans le potager en fleurs.
Longue journée à la ferme. Pas de visiteurs.

Le chien aboie. Les poules s'égaillent en caquetant.
Le colporteur revient acheter des feuilles de thé.

Début d'été

Il a plu toute la nuit. La ferme s'éveille tard.
Par les lucarnes entrent des couleurs toutes neuves.
Il fait doux. Le vieil homme se retourne,
entendant le chant du loriot.
Les gosses ouvrent les portes pour que les moineaux
s'envolent.

Fin de printemps

Vols de corneilles en piqué au-dessus des bois.
Rares passants.
Descendant de la montagne,
une brume sombre s'accroche à la haie.
Un petit garçon, sur une barque légère comme une feuille,
rassemble les canards pour les ramener à la ferme.

Jour d'été

Branches alourdies. Prunes dorées. Saison des fruits mûrs.
Colza en fleur. Orge mûr qui fleurit en neige.
Journées très longues. Route déserte.
Personne. Sauf le vol affairé d'un insecte très pressé.

Jour d'été

Friture des cigales bourdonnant au couchant.
Radotage des grenouilles et des crapauds
tout le long de la nuit.
Pour affronter l'été il faudrait être sourd et muet.
Sinon, comment rêver tranquille
sous mon manteau de chaume ?

Jour d'été

Un étranger en sueur est arrivé, couvert de poussière jaune.
Il est allé se désaltérer à l'eau fraîche de mon puits.
Je lui ai offert mon siège, la grosse pierre du seuil,
où à l'ombre des saules une petite brise souffle à midi.

Jour d'été

Le jour on va aux champs, et le soir on file.
Les enfants du village sont tous très occupés.
Les plus petits qui ne savent ni labourer ni filer
savent déjà semer des courges à l'ombre du mûrier.

Automne

Première gelée blanche à l'aube. L'automne est là.
La forêt va virer du vert au beige et brun
et dans l'orangeraie les beaux fruits vert émeraude
sont peu à peu en train de se changer en or.

Automne

Sa majesté l'Araignée tend sa toile sous l'auvent
Elle attend que s'y prenne une passante distraite.
Voilà. Une libellule et une abeille sont prises au filet
J'ai pitié. J'envoie le petit dernier délivrer les captives.

Automne

Le jour où traversant la Voie Lactée,
l'Étoile du Bouvier et la Tisserande se rejoignent,
on entend des rires de fête dans la ferme.
Quand un garçon est bon bouvier,
et bonne tisserande une fille
n'allons pas chercher des histoires d'étoiles
pour célébrer leurs noces !

Hiver

La barque glisse. La neige brille sur les collines.
Le vent est tombé. Il va geler au crépuscule.
La perche dans l'eau fait soudain un drôle de bruit
   de jade et de perles :
le lac à la surface est déjà pris en glace.

Hiver

Collines transies. Jours qui raccourcissent.
Pâle croissant de lune.

Je prends mon médicament
et vais me dérouiller les jambes.
Un vent frais secoue les arbres.
Les feuilles mortes jonchent le sol.
Je compte dans les branches les nids de hérons.

Écrit au monastère de Po-chan

*

Je n'ai pas été vivre dans la capitale.
Je lui ai préféré les monastères de montagne.
La saveur de ce qui est sans saveur : là est ma joie.
Mon talent fut d'être sans talent. J'ai vécu ainsi.

Je suis moi-même. Pourquoi vouloir être un autre ?
J'ai vu le monde. Je suis retourné vivre aux champs.
J'ai des amis : un pin, un bosquet de bambous.
J'ai des frères : les oiseaux du ciel,
les fleurs de la montagne,
le soleil et le vent.

SIN K'I-TSI
1140-1207

Sentiment d'automne

*

Froissement des feuilles mortes. Tapotis de la pluie
Bruissement dans la chambre vide.
Craquements du givre.
Tournesols au rendez-vous du vent d'ouest.
Les cheveux blanchissent vite
quand on est loin de chez soi.
Chantonnant mes vers
comme un vieil insecte d'automne,
mélancolique, rêvant que la pie fait écho à ma voix
je me lève dans la nuit. Si votre route passe
par le col au sommet de la Falaise Noire
faites-moi voir un instant, un seul,
le pays natal pour rafraîchir mes yeux.

YUAN HAO-WEN
1190-1257

Loisir paresseux

*

Aller où s'en va son esprit,
rester assis le cœur en paix,
boire quand on a soif,
manger quand on a faim,
chanter quand on a bu,
trouver du foin et y dormir.
Les jours sont longs, longs les mois.
Le monde est vaste.
Le bonheur, c'est de ne rien faire.

Nous avons bu tout le vieux vin.
Le vin nouveau bout déjà.
Rire auprès de son pot de terre,
fredonner un air avec le vieux moine.
Il a un couple de poulets
et j'ai apporté une oie.
Le bonheur, c'est de ne rien faire.

Mettre le mors aux chevaux de l'esprit,
mettre en cage les singes du cœur,
s'envoler au-dessus des vagues et du vent.
Qui m'a réveillé de ma sieste
A l'ombre des cigales ?
J'ai laissé bien loin le monde des honneurs

et j'ai fait mon cocon dans un nid de joies
où le bonheur, c'est de ne rien faire.

Celui qui a labouré le champ du sud,
et qui a dormi dans les collines de l'est
(J'ai vu comment va le monde,
mesuré en vain le passé en moi.
Celui-là, je le concède, est sage
et je suis fou. Pourquoi discuter ?
Le bonheur, c'est de ne rien faire.

KOUAN HAN-K'ING
1220-1300

*La chanson de la pluie
que lorsque j'étais jeune j'entendais
de quelque chambre à coucher*

J'étais jeune. Nous écoutions au lit
chanter la pluie sur le toit.
La flamme de la bougie dansait
derrière l'écran de soie.

Voyageur, dans mon âge mûr
j'ai écouté sur le grand fleuve
chanter la pluie sur le pont de la jonque
les nuages étaient bas.
Une oie sauvage égarée
appelait dans le vent d'ouest.

Aujourd'hui, dans mon ermitage
j'écoute la pluie tomber sur le chaume.
Depuis bien longtemps mes cheveux sont gris.
Joie-chagrin. Ensemble. Séparés.
Tout est le même. Même est la pluie
qui ruisselle de marche en marche,
la pluie qui chante sur le toit.

LI KIANG-KIE
Actif en 1275

Sur l'air « Les oies sauvages sont revenues »

*

Jadis j'ai troublé mon cœur
en courant après les rangs, les honneurs.
Maintenant, loin des collines, au bord des torrents
j'oublie la gloire et le profit.
Je me levais au chant du coq
pour courir au palais.
Maintenant je dors encore à midi.
Je me tenais sur les marches de pourpre
tenant à la main une tablette officielle.
Je cueille des chrysanthèmes dans ma haie.
Je m'inclinais bas devant les puissants.
Je visite à loisir mes vieux amis.
J'étais farouche et sot
et je n'ai évité que par miracle
les coups de fouet et l'exil.
Maintenant je vis ma vie à loisir
et j'écris des poèmes
sur le vent et les fleurs,
sur la neige et la lune.

TCHANG YANG-HAO
1269-1324

Solitude la nuit

*

Il va pleuvoir.
Un vent doux.
Les branches de cinnamome bougent.
Les bégonias remuent sur les plates-bandes.
Brillent les feuilles qui tombent au vent.
Les pétales de fleurs s'éparpillent.
Le vent a emporté la poussière sèche.
Le vent emporte la poussière mouillée.
Il traverse la moustiquaire
et vient me toucher.
Seul, seul,
avec mon cœur qui bat.
Des lieues et des lieues de ciel
et l'eau qui coule coule vite.
Pourquoi les oiseaux laissent-ils
leurs plumes tomber dans les nuages ?
J'aimerais qu'ils emportent mes lettres
mais vaste est le ciel.
Le courant s'en va vers l'est,
jamais ne revient une seule vague.
Les magnolias odorants resplendissent immobiles
il y en a toujours qui tombent.
J'ai renfermé dans son étui ma guitare de jaspe,
j'ai rangé ma flûte de jade.

Seul, seul
avec mon cœur qui bat.
Demeurez avec moi ce soir,
chansons d'autrefois.

LIEOU KI
1311-1375

Le bassin de mon jardin

*

Dans mon jardin
une tonnelle
et un bassin.

Autour de l'eau
l'herbe est drue.
Au printemps
des perce-neige.

La nuit
quand je ne
dors pas
je regarde
par la baie
la lune d'automne
qui se baigne nue
nageuse clarté
dans l'eau du bassin

DAME KOU KI
Dynastie Ming

Le printemps vient

*

Légère et douce
la tiède pluie
dans la cour nue
fait repousser
l'herbe et la mousse.

Dans le verger
d'arbres en fleurs
un loriot vert
chante en mineur.
La jeune fille
entend chanter
un autre oiseau
dedans son cœur.

DAME KOU KI
Dynastie Ming

Le poète des dix « un »

*

Une fleur
Un saule
Un pêcheur
sur un rocher.

Un rayon
sur la rivière.
Un oiseau
sur l'aile.

A mi-chemin
de la montagne
un moine seul
sous les bambous.

Dans la forêt
une feuille jaune
qui flotte et tombe.

DAME HO P'EI-YU
Dynastie Ts'ing

LA VIE EST UN SONGE

LA VIE EST UN SONGE

Le « *discours sur le peu de réalité* », ce n'est pas pour les Chinois un dogme abstrait, un enseignement du bouddhisme. C'est (et pour nous aussi bien) une expérience concrète, un fait psychologique, une évidence des jours et des nuits. Que condense le célèbre apologue où Tchouang tseu se demande s'il est un papillon qui rêve d'être Tchouang tseu ou Tchouang tseu qui rêve d'être un papillon.

*Écrit au temple de Siang-Huo un jour
où je regardais des acteurs jouer une pièce*

*

Les comédiens sur le théâtre
Un jour rois, l'autre jour manants,
sachant dans leur cœur
que tout cela se vaut.
Pourquoi se réjouir
et pourquoi se plaindre ?

WANG AN-CHE

A un maître du Ch'an

*

Du non-être à l'être : un nuage se forme.
D'avoir été à ne plus être : un éclair qui s'éteint.
Se rassembler, se disperser, tout est illusion.
Les esprits vains jacassent en vain.

LI HIUN
vers 896

La flamme de la lampe

*

Assis, je regarde
la flamme, pâle, pâle
de la lampe, seule, seule
qui tremble en silence
vers l'aube, qu'on devine

TS'I TSI
Fin du IXe s.

Sur l'air « D'heureux événements approchent »
Poème écrit en rêve

*

Sur la route de mai la pluie a fait éclore les fleurs.
La colline agite les couleurs du printemps.
Remonter vers la source cachée du ruisseau.
Écouter la chanson dorée des loriots jaunes.

Les nuages dans le vent
jouent au jeu des serpents et dragons.
Ils s'élancent et s'enlacent dans l'espace.
Doucement ivre à l'ombre d'une vieille glycine
je ne distingue plus ni le nord ni le sud.

TS'IN KOUAN
1049-1100

Sur l'air « Charmante Hien-nu »

*

Ce qui me plaît dans le grand âge
c'est d'avoir parcouru les quatre coins du monde
et d'avoir senti le vide derrière tout.
Les océans du regret et les rivières du chagrin,
tout se dissipera
comme une goutte de rosée au soleil.
A moins d'être ivre de fleurs ou de vin
je veux seulement ouvrir un œil clair,
trouver une place où dormir quand j'ai sommeil,
et au réveil jouer le rôle
qui convient à la scène de la pièce.

Le vieil homme se soucie peu de ce qui fut
et ne se tourmente plus de ce qui sera.
Il ne prie pas les Immortels, ne rampe pas devant Bouddha,
n'imite pas Confucius, l'éternel agité.
Trop paresseux pour rivaliser avec les Importants
ça lui est bien égal qu'ils se rient de lui.
C'est ainsi. Quand la pièce sera terminée
j'ôterai ma défroque, en ferai don aux mannequins.

TCHOU TOUEN-JOU
1081-1157

Sur l'air « Les pensées du dedans »

*

Il y a des années, j'ai couru dix mille li
après les honneurs.
J'ai chevauché pour garder la frontière lointaine.
Que sont devenus mes rêves
de rivières et de montagnes ?
La poussière a terni mon vieux manteau de martre
Nous n'avons pas vaincu les Tartares.
Mes cheveux sont gris. Pleurer est vain.
Qui m'aurait dit qu'à la fin du jour
mon cœur serait encore prisonnier des montagnes
tandis que mon corps vieillit au bord de la mer ?

LOU YEOU
1125-1210

Le temple sur la colline

J'ai dit adieu à mes amis
puis en traversant la rivière
j'ai aperçu un petit temple
avec les portes entrouvertes
et personne n'était là.
Il y a un vieux Bouddha
qui s'appuie contre le mur
dédoré et poussiéreux,
une lampe abandonnée
qui n'éclaire rien du tout
et la pluie tissée de brume.
J'ai envie d'aller dormir
sur le lit du moine absent
et d'y faire un petit rêve.
Les singes crient
dans les chênes verts.
Si vous voulez savoir
ce qu'est la vie des hommes
cherchez à retrouver
quand la mer se retire
les traces des passants
sur le sable mouillé.

LOU YEOU
1125-1210

*A la nuit, je monte au sommet de la tour de guet
de l'Empereur Blanc, et je pense à Tou Fou
qui un jour monta en haut de cette tour*

*

Chansons et poèmes
éparpillés dans Chou
qui donc pense à vous
poète Tou Fou ?

En haut de cette tour
vous avez vu aussi
ce que je vois ce soir.

Les vagues et la lune
n'ont pas changé depuis :
leur flux et leur reflux
font le même chemin.

Les sages et les fous
sont tous partis de même,
et l'étoffe du temps
fut la même pour tous.

Je n'ai personne
à qui parler
et j'ai grand froid
à mes pensées.

La nuit s'avance.
Une mouette
puis une cigogne
s'envolent dans le sable
à la frange de mer.

LOU YEOU
1125-1210

Pensées de nuit

*

Je n'arrive pas à dormir.
La nuit est longue, longue-amère,
assis tout seul dans ma chambre.
La lampe fume. Je frotte mes yeux,
je tourne lentement les pages.
Je nettoie mon pinceau,
je tourne mon encre.
Les heures passent.
La lune arrive et entre
par la fenêtre ouverte,
comme une pièce de monnaie neuve.
A la fin je m'endors et je rêve.
Je rêve des jours sur la rivière Tsa-fing,
et des amis de ma jeunesse
quand nous étions à Tsa-fing.
Nous courions, jeunes et contents,
dans les belles collines.
Les ans s'en sont allés.
Je ne suis pas revenu.

LOU YEOU
1125-1210

Mourir

*

Le vieux Tchang est mort après trois ans de maladie.
Le vieux Wou un matin ne s'est pas réveillé.
Mon corps est dur comme de l'acier.
Je m'assieds devant ma porte.
Je regarde les collines vertes.

LOU YEOU
1125-1210

L'AMOUR, LA MORT

L'AMOUR, LA MORT

Les ethnographes, les sociologues et les explorateurs ont tout à fait raison de noter et de souligner les différences fondamentales qui existent dans les façons d'être naturelles des hommes. Ils ont raison par exemple d'affirmer que *l'amour est une invention du* XIIe *siècle*, ou que l'amour conjugal ne se vit pas exactement de la même manière dans la Rome antique qu'en Avignon à l'époque de Pétrarque. De Montaigne à Lévi-Strauss, l'esprit humain s'émerveille que l'esprit humain soit si *variable*.

Mais partout les poètes sont là pour dire le contraire, et nous faire croire plutôt que l'homme, ce drôle de corps, a plusieurs façons d'être l'habitant de ce corps, selon les temps, les places, les saisons, les climats, mais que le cœur n'a qu'une façon de battre, de Chine en Occident, de Sou Tong-p'o à René Char.

Chanson de feuilles mortes et de cigales tristes

*

Le froissement s'est tu
de ses manches de soie.
La poussière ternit
la cour dallée de jade.
La chambre vide est froide.
Silence. Vide. Solitude.
Sur le pas de la porte
tombent les feuilles mortes.
Celle qui n'est plus là
Comment la retrouver ?

Ô cœur rempli de larmes !

EMPEREUR WOU DES HAN
Règne de 140 à 87 av. J.-C.

Chanson pour se plaindre sans le dire

*

Soie pure de T'si, fraîchement coupée.
Blanc du givre, éclat de la neige.
En faire un éventail. Nous éventer ensemble.
Cercle parfait : l'éventail rond, la lune ronde. Nous deux.

Mon seigneur garde toujours l'éventail à portée de sa main
Il le remue : douce brise.

J'ai peur des jours où reviendra l'automne.
Le vent rafraîchira la brûlure des jours.

Mon seigneur rangera l'éventail dans un coffre.
L'été sera fini. Mon seigneur l'oubliera.

DAME PAN TCHAO-YU
vers 35 av. J.-C.

La jeune épousée va rejoindre la couche du mari

*

Puisque j'ai eu, Seigneur, la joie de vous être données
je vivrai désormais dans l'appartement de vos femmes.
Amour me fait devoir d'être toute à vous
et cependant j'ai peur comme devant l'eau bouillante.
Je n'ai pas de talents, mais j'essaierai de faire de mon mieux
afin de remplir pour vous
tous mes devoirs d'épouse.
Je prendrai grand soin des provisions et des servantes
et je participerai avec respect au culte des ancêtres.
Ma pensée se languit d'être enfin dans votre couche.
Je voudrais être la couverture de votre lit carré,
je veux être votre couverture de soie et votre édredon de plume
pour vous protéger de l'humide et du froid.
J'ai fait mettre un oreiller neuf et du linge frais
et j'ai mis dans les cassolettes de l'encens précieux.
Fermons à double tour le double verrou de la double porte,
allumons les lampes pour que la chambre brille doucement.

J'ôterai mes robes l'une après l'une. J'ôterai mon
   fard. J'ôterai ma poudre,
je roulerai la peinture qui est au chevet du lit.
A Sou nu, la plus experte des femmes[1]
je demanderai de m'instruire
afin de savoir vous plaire
dans toutes les positions du plaisir,
celles dont un mari ordinaire a rarement le privilège
et qu'enseigna T'ien-lao au Grand Empereur Jaune[2].
Nulle joie n'égalera celles de notre première nuit.
Elles parfumeront toute notre vie,
si vieux devenions-nous.

TCHANG HENG
78-139

1. Sou nu de la rivière Blanche est la fée héroïne d'un traité d'érotique féminine de la dynastie Han.
2. T'ien lao est l'auteur mythique d'un traité d'érotique de la dynastie Han, le *T'ien-lao-tsa,* écrit évidemment apocryphe. T'ien Lao aurait été le maître du Grand Empereur Jaune, le souverain légendaire qui vécut entre 5000 et 6000 ans avant notre ère.

Après vingt ans de mariage,
l'épouse du général Liu S'iun est répudiée
car il s'est épris d'une autre femme

*

Rideau flottant qui gardait notre alcôve
Vous étiez là pour nous protéger de la lumière crue.
Je vous avais apporté de la demeure de mon père.
Vous reviendrez avec moi d'où nous étions venus.
Je vous plierai soigneusement dans mon coffre.
Vous ne servirez plus jamais. Jamais plus.

TS'AO P'EI
187-226

Le malheur de naître femme

*

Qu'il est amer d'être née femme
et qu'imaginer de plus bas.
Les garçons n'ont pas peur d'être vus
à la porte d'entrée.
On les traite en dieux à peine sont-ils nés
et leur esprit n'a de frontière que les Quatre Mers.
Ils chevauchent dix mille li,
bravant poussière et tempêtes.
Mais une fille est confinée, sans amour et sans joie,
et personne des siens ne se fait souci d'elle.
Quand elle est grande elle se cache dans les
    chambres du dedans,
se voile la face,
a peur de rencontrer les yeux d'autrui
et personne ne verse une larme quand on la marie.
D'un seul coup tout lien avec les siens est tranché.
Elle courbe la tête, elle se fait une contenance.
Les dents blanches mordent ses lèvres rouges.
Il lui faut s'incliner et s'agenouiller sans cesse,
être humble avec les servantes et les concubines.
L'amour de son mari est loin comme la Voie Lactée
et pourtant elle doit le suivre
comme le soleil un tournesol.
Leurs cœurs sont aussi éloignés que l'eau du feu.

On la réprouve pour tout ce qui va mal.
En peu d'années son beau visage aura changé
et son mari courra de nouvelles amours.
Au début, un instant,
ils furent la silhouette et l'ombre
et maintenant ils sont aussi retranchés que les
   Chinois et les Huns.
Pourtant aux frontières Huns et Chinois
parfois se rencontrent.
Mais la femme et le mari sont loin l'un de l'autre
aussi séparés que l'Étoile Lucifer et l'Étoile Orion.

FOU HIUAN
217-278

Autrefois vous et moi

*

Autrefois vous et moi
le corps l'ombre du corps.
Maintenant vous et moi
nuage fuyant l'averse.

Autrefois vous et moi
le son l'écho du son.
Maintenant vous et moi
feuille morte et la branche.

Autrefois vous et moi
l'or intact et brillant.
Maintenant vous et moi
lumières d'étoiles mortes.

FOU HIUAN
217-278

Chanson de la femme fidèle

*

Vous saviez, seigneur, que j'était mariée
en me faisant don des boucles d'oreilles.
Je vous ai su gré de vos pensées tues.
J'ai porté un jour les boucles de perles.

Mais notre demeure est près du Palais
où mon mari sert les armes du Prince.
Votre cœur est pur, je le sais, seigneur,
mais j'ai fait serment de rester fidèle.

On vous remettra les perles ce soir.
Deux perles de vous, deux larmes de moi.
J'aurais bien voulu vous connaître avant,
quand on n'avait pas choisi mon époux.

TCHANG TSI
Vers 800

Un adieu

*

L'amour qui l'habitait, tout entier s'est retiré d'elle.
Nous buvons ensemble pour la dernière fois,
et le dernier sourire,
elle ne peut pas même le forcer à fleurir.
Mais dans le chandelier les chandelles de cire
pleureront jusqu'au jour
les larmes que vous ne pleurez pas.

TOU MOU
803-852

Pensant au temps perdu

*

Je me promène au bord de l'eau, muni de vin.
Les filles ont des tailles de guêpes. Légères,
on les ferait danser sur la paume d'une main.
J'ai vécu dix ans à Yang Tcheou sans rien faire.
Et maintenant on dit de moi :
Ah c'est ce bon-à-rien qui traîne dans les maisons
   de plaisir ?

TOU MOU
803-852

Sur trois rêves faits à Kiang-ling
où m'apparut l'épouse morte

*

1

Si un homme rêve à une femme
sait-elle qu'il rêve seul à elle ?
Nous sommes plus séparés que le noir l'est du jour
et l'âme de mon rêve n'existe que pour vous.
Il n'y a rien de vrai à gagner dans les rêves
mais si je ne rêvais pas de vous
où donc pourrais-je vous rencontrer ?
Cette nuit encore, après combien de nuits
nous nous sommes retrouvés en rêve.
Votre robe d'autrefois
n'est plus qu'une ombre vague,
mais c'est votre visage, je le reconnais.
Vous ne m'avez jamais parlé de ce qui nous sépare.
Vous avez seulement dit qu'il vous fallait partir.
Vos affaires de couture sont encore sur la table
et pourtant les rideaux ont été repliés.
Vous me demandez des nouvelles de la petite,

et vous pleurez de longues larmes.
Vous dites : « Nous n'avons eu qu'une seule fille,
nous désirions tellement un garçon.
Je me souviens pourtant d'elle, malicieuse et jolie.
J'ai chagrin de penser qu'elle a froid et faim.
Vous ne vous intéressiez pas beaucoup à sa famille,
vous avez accepté un poste lointain, nous laissant.
Vous aviez vos travaux, les soucis de votre charge,
comment auriez-vous pu avoir une vie privée ?
Nous avons laissé les autres nous séparer.
On est souvent déçu par les étrangers.
Tant que vous serez là je peux avoir confiance.
Mais si vous partiez, qui s'occupera de la petite ? »

Elle s'est tue, voix brisée par les larmes
et moi, à mon tour, je me suis mis à pleurer.

Anxieux et secoué, je m'éveille en sursaut.
Je m'assieds encore endormi, comme si j'étais fou.
La lune laisse dans l'ombre la moitié du lit.
On entend des insectes bruire dans l'herbe noire.
Je retrouve lentement mes esprits.
Éveillé maintenant, je me sens pourtant égaré.
Je revois votre visage et je pleure.
Le départ final s'est accompli pour toujours.
Comment un simple rêve
peut-il donner un tel chagrin ?
Je suis triste pour la petite, que vous avez gâtée.
J'ai dû la laisser ici.
Comment auriez-vous pu me suivre ?
Maintenant vous reposez dans la terre à Tch'ang-ngan,

si loin, séparée par les monts,
les fleuves et les visages.
Si je pouvais laisser pousser en moi des ailes
les affaires de la vie me lient encore pieds et poings.
Je pleure sur toutes les séparations que j'ai dû vivre.
Mes larmes coulent comme l'eau noire
du fleuve que vous avez franchi, la rivière sans rives.
Le désir de vous retrouver, comment l'accomplir ?
Le rêve d'être avec vous, comment le prolonger ?
Assis, je regarde le ciel où le jour se devine.
Le vent de la rivière murmure dans les arbres.

2

Dans la plaine immense, au cœur du tombeau
il n'y a plus qu'une branche de corail.
Les éboulis ont fermé les portes de la montagne.
La brume recouvre l'herbe qui pousse sur la tombe.
Jadis je m'asseyais sur ces pentes sauvages
mais aujourd'hui je vis dans un village lointain.
Réveillé en sursaut par le clair de lune sur mon lit
j'écoute le vent et le courant de la rivière.

Vos ossements depuis longtemps
sont devenus poussière.
Mon cœur ne désire plus que devenir cendres.
Cent ans de vie n'ont pas de fin.
Trois nuits de suite je vous ai vue en rêve.
Les eaux qui coulent passent et vont.
Où s'en vont les nuages qui flottent ?
Assis je regarde le soleil naissant
monter dans le ciel, où volent des oiseaux
qui vont deux par deux.

YUAN TCHEN
779-831

La cruche de terre

*

J'ai rêvé. Je marchais, je montais vers une haute plaine.
Parvenu sur la plaine j'ai vu un puits profond.
J'avais la gorge sèche et soif à force de marcher
et j'étais impatient de rafraîchir mes yeux sur l'eau
J'ai marché vers le puits, je me suis penché.
J'ai vu mon reflet qui me regardait du fond.
Une cruche de terre était en train de couler dans
   l'eau noire.
Il n'y avait pas de corde pour la ramener vers la margelle.
J'étais angoissé à l'idée que la cruche allait sombrer
et je me mis à courir pour chercher du secours.
De village en village je parcourus la plaine.
Les hommes étaient partis.
Les chiens me sautaient à la gorge.
Je revins et marchai en pleurant autour du puits
Les larmes en m'aveuglant coulaient, si abondantes
qu'à force mes sanglots m'ont soudain éveillé.
Ma chambre était silencieuse.
Personne ne bougeait dans la maison.
La flamme de la chandelle
vacillait avec une fumée verte.
Les larmes versées brillaient dans sa clarté pâle.
Une cloche sonna la veille de minuit.
Je m'assis sur mon lit, essayant de reprendre mes esprits.

La plaine dans mon rêve c'était le cimetière
et son étendue de terre non cultivée
sous laquelle les morts
gisent dans les fosses profondes.
Profondes sont les fosses.
Pourtant, parfois, les morts
parviennent à remonter vers le monde des vivants.
Cette nuit, celle que j'aimai, qui mourut autrefois
a traversé mon rêve comme la cruche traversait l'eau,
tandis que l'eau des larmes ruisselait de mes yeux,
ruisselait de mes yeux et coulait sur ma robe.

YUAN TCHEN
779-831

Sur un chagrin inconsolé

1

Elle était la plus jeune, la préférée de son père.
Nous étions pauvres pauvres
quand nous nous épousâmes.
Quand mes vêtements s'usaient, elle les recousait.
Quand nous manquions de vin,
je lui faisais du charme
et elle allait mettre en gage son peigne d'or.
Nous mangions des plantes sauvages,
les haricots avaient bon goût.
Nous nous faisions du feu
avec des feuilles sèches et du bois mort.
Mon traitement aujourd'hui dépasse les cent mille
mais je ne peux rien lui offrir,
que les libations aux morts.

2

Autrefois nous riions en nous imaginant veuf ou veuve.
Aujourd'hui, c'est vrai. Vous m'avez quitté.
On a donné presque toutes vos robes
mais je n'ai pas eu le cœur de toucher à vos affaires
   de couture
Je me souviens de sa bonté et traite avec douceur

les serviteurs et les servantes de la maison.
Quelquefois en rêve, je lui fais des cadeaux.
Je sais que la tristesse du deuil est le partage de beaucoup
mais quand des époux furent très pauvres ensemble,
    la tristesse est plus triste.

3

Prostré, j'ai du chagrin pour moi, j'ai du chagrin
    pour vous.
Combien de temps dure le temps d'une vie d'homme ?
Il y eut des hommes plus grands que moi qui
    n'eurent pas de fils.
Il y eut des poètes meilleurs que moi qui écrivaient
    des poèmes à la disparue.
Quel espoir me reste ? Partager avec vous le noir de
    la tombe ?
Il est vain d'espérer se retrouver au-delà.
Je garde dans la nuit mes yeux grands ouverts
en me souvenant des jours de notre vie
    qui furent tissés ensemble
et que la mort a désunis.

YUAN TCHEN
779-831

En se sentant vieillir

J'ai toujours su que la vieillesse viendrait
et soudain je la sens qui gagne du terrain.
Cette année par bonheur je me suis peu affaibli
mais le temps pas à pas approche pour me chercher.
Je perds des dents. Mes cheveux s'éclaircissent.
Courir ou me presser, je n'en ai plus la force.
Eh bien, me dis-je, qu'est-ce qu'on peut y faire ?
Et pourquoi en être malheureux ?
P'eng tseu et Lao tseu
ont disparu depuis longtemps,
Tchouang tseu et Confucius aussi ont disparu.
De ceux que les Anciens nommaient les Immortels
il ne reste plus un.
Je demande seulement du vin, le meilleur,
et des amis souvent pour m'aider à le verser.
Maintenant que le printemps approche de sa fin,
que pêchers et pruniers font une ombre épaisse,
que le grand soleil illumine le ciel bleu
et que très loin, très loin, crient les oies sauvages,
je sors de chez moi, disant bonjour à ceux que j'aime
et je monte avec ma canne vers le bois de l'ouest.
Chanter à haute voix suffit à me donner joie.
Les chants anciens ont de riches harmoniques.

LIEOU TSONG-YUAN
773-814

*En redonnant une sépulture à Tchang Tsin,
ouvrier agricole*

*

Le cycle de la vie enchaîne joies et tourments,
un souffle qui s'expire et s'inspire à nouveau.
Nous survenons sans savoir pourquoi
dans un remue-ménage de joie et de fureur,
et soudain nous disparaissons.
Naître dans le corps d'un pauvre n'est pas honteux,
il n'y a aucune noblesse à avoir été noble.
Pour l'autre et l'un, lorsque le souffle cesse
ce qui fut beau, ce qui fut laid s'évanouissent.
Tu as servi dans mes étables toute ta vie
charriant du fourrage sans te plaindre d'être fatigué.
Quand tu es mort
on t'a mis dans un pauvre cercueil
et on t'a enterré au bas de la colline de l'est.
Hélas, un orage et la crue sont survenus
qui t'ont jeté pêle-mêle sur le bord du chemin.
Secs et cassants, tes ossements cuisent au soleil,
éparpillés, et rien jamais ne les réunira.
Par chance un serviteur est venu m'avertir,
je suis allé y voir, les yeux pleins de larmes.
On fait un sacrifice pour un chat mort ou pour un tigre,
les chevaux et les chiens ont droit à un linceul percé.
Je suis resté longtemps en deuil pour ton âme

qui ignore pourtant ce que ton corps est devenu.
Le panier et la bêche t'ont remis dans une tombe
qui sera à l'abri du ravage des eaux.
J'ai maintenant le cœur en paix
même si, là où tu es, tu t'en soucies bien peu.
Le printemps va revenir et verdira ta fosse.
Je n'ai pas le pouvoir de faire du bien à tous
mais j'ai eu le bonheur de faire cela pour toi.

LIEOU TSONG-YUAN
773-819

Rêve de nuit

*

Quand il fait jour je rêve
que je suis avec elle.
Quand il fait nuit je rêve
qu'elle est auprès de moi.
Elle porte son sac à ouvrage
brodé de toutes les couleurs.
Je vois son profil
penché sur la soie. Elle
répare et ravaude mes habits.
Elle se fait du souci
parce que je me néglige.
Morte, elle veille sur ma vie.
Son souvenir constant
me conduit vers la mort.

MEI YAO-TCH'EN
1002-1060

Sur la mort de ma femme

1

Quand nous fûmes en âge,
nous devînmes mari et femme.
Il y a dix-sept ans de cela
et jamais je ne fus las de regarder son visage
mais maintenant elle m'a quitté pour toujours.
Mes cheveux déjà ont presque tous blanchi.
Mon corps peut-il encore tenir longtemps ?
Quand ce sera fini, j'irai la rejoindre,
et jusqu'à ma mort mes larmes couleront.

2

Où que j'aille il me semble que je marche en rêve.
Si je rencontre des gens, je me force à répondre.
Puis je reviens chez moi, au silence solitaire.
J'aimerais parler. A qui ? Personne pour me répondre.
Un papillon tout seul entre par la fenêtre avec le froid.
Une oie sauvage toute seule vole dans la nuit sans fin.
Il n'y a pas pour un homme de plus grand chagrin :
mon esprit est écrasé, et je meurs.

Il y a toujours eu des vies longues, des vies brèves.
Qui oserait en faire reproche au ciel ?
J'ai vu beaucoup d'épouses dans le monde des hommes,
mais aucune aussi belle et sage qu'elle fut.
Les insensés reçoivent le don de vivre vieux.
Pourquoi ne lui a-t-on pas donné
quelques-uns de leurs ans ?
Comment supporter d'avoir vu s'en aller ce bijou
emporté et coulant au courant des Neuf Fleuves ?

                                        MEI YAO-TCH'EN
                                        1002-1060

Souvenir triste

*

Du jour où vous êtes venue vivre avec moi
vous ne vous êtes jamais souciée de notre pauvreté.
Tous les soirs, coudre jusqu'à minuit.
Tous les midis, le déjeuner prêt.
Dix jours et neuf manger des cornichons.
Et, merveille, un jour de la viande séchée.
Vous et moi, l'est et l'ouest, pendant dix-huit ans.
Partager le doux. Partager l'amer.
Souhaiter d'avoir cent années d'amour.
Qui l'aurait dit ? Elle est partie en une nuit.
Je revois toujours l'instant de la fin.
Sa main dans ma main. Ne pouvant parler.
Ce corps, ici, qui continue à vivre
ira pour finir vous rejoindre en poussière.

MEI YAO-TCH'EN
1002-1060

*La nuit du quinzième jour du premier mois
je sors puis reviens chez moi*

*

Si je reste à la maison, je suis dans l'abattement :
allons à la fête pour distraire mon chagrin.
Mais là le riche et le pauvre sont avec leur femme
et mon cœur ne trouve qu'un peu plus de tristesse.
Quand on prend de l'âge le plaisir s'use vite.
J'aimerais me promener, mais je n'ai de goût à rien.
Je rentre, je retrouve mon fils et ma petite.
On ne se dit rien. Mes yeux me piquent de larmes.
L'an dernier ils étaient sortis avec elle.
Ils s'étaient barbouillés de rouge pour l'imiter.
Maintenant leur mère a passé les eaux noires.
Ils ont le visage tout sale, les vêtements déchirés.
Quand je pense qu'ils sont encore si petits
je n'arrive pas à retenir mes larmes.
J'écarte la lampe. Je me tourne vers le mur
et les cent chagrins se jettent sur moi.

MEI YAO-TCH'EN
1002-1060

Second mariage

*

Je me suis marié l'autre jour pour la seconde fois
heureux pour aujourd'hui, triste pour autrefois.
De nouveau il y a quelqu'un pour tenir la maison.
Mon ombre n'est plus seule au clair de lune.
Et pourtant — l'habitude — je donne encore à la seconde
le nom de la première, et mon cœur est troublé.
Comme la première, la seconde est bonne et douce
J'ai de nouveau épousé la meilleure des femmes.

MEI YAO-TCH'EN
1002-1060

*Un rêve survenu dans la nuit
du vingt-sixième jour du premier mois*

*

Il y a deux ans maintenant que je suis remarié.
Pendant tout ce temps, jamais je n'ai rêvé d'elle.
Mais cette nuit, son beau visage est réapparu.
Il était minuit, l'heure difficile.
La mèche de la lampe à la fin de sa course
jetait en silence une faible lueur au plafond.
La neige indifférente battait ma fenêtre
emportée par le vent en tourbillons blancs.

MEI YAO-TCH'EN
1002-1060

*En bateau, la nuit, en train de boire
du vin avec ma femme*

*

Pleine lune apparaissant à l'écoutille.
Sa clarté brille sur le pont.
Elle et moi, seuls, buvant ensemble.
Aucun hôte ennuyeux ne pèse sur nous.
Le clair de lune s'étend sur notre lit
Les ombres, l'une après l'une, battent en retraite.
A quoi bon allumer la lampe ?
La lumière de la lune suffit à notre joie.

MEI YAO-TCH'EN
1002-1060

Rêverie secrète

*

Brume légère, nuage épais.
Tristesse tout le long du jour.
Parfum de l'encens.
Fête de l'automne.
Fraîche fraîcheur de minuit
à travers la moustiquaire
et jusque sur l'oreiller de jade.

Boire du vin au crépuscule
dans le jardin de l'est.
La manche de ma robe
embaume un doux secret.
Le vent d'ouest agite le store.
La tige d'un chrysanthème jaune
n'est pas plus mince que je ne suis.

DAME LI TS'ING-TCHAO
1084 ? 1141 ?

Une, et deux

*

Près de la fenêtre
nous sommes deux
mon ombre et moi.
La lampe s'éteint
je suis dans le noir.
Mon ombre m'oublie.

Je ne suis plus qu'une.
Triste. Abandonnée.

DAME LI TS'ING-TCHAO
1084 ? 1141 ?

Après la mort de son mari

*

Devant notre fenêtre
poussent les bananiers.
Leur ombre verte
couvre la cour.
Leurs feuilles se déplient
et puis se replient
comme pour cacher
un sentiment secret.

Triste, sur l'oreiller
j'écoute la pluie
caresser les feuilles.
Vous n'entendez pas
tomber cette pluie.
Vous n'entendez plus
mes larmes couler.

DAME LI TS'ING-TCHAO
1084 ? 1141 ?

Attente

*

Je veille et je guette.
La lune en chemin
traverse la porte
regarde la cour.
Je voudrais dormir.

Je voudrais dormir
mais je ne peux pas.
Quelque chose bouge
Serait-ce enfin vous
qui m'ouvrez les bras ?

Mais ce n'est que l'ombre
de fleurs dans le vent
sur le mur crépi
du jardin de lune.

Je veille et j'attends.

DAME TS'OUEI YING-YING
Dynastie Ming

Poème de vous et moi

*

Entre vous et moi :
Beaucoup trop de passion.
C'est ce qui fait brûler
nos querelles rouge feu.
Mais prenez de la glaise
modelez-vous en elle.
Prenez un peu d'argile
faites-en mon image.
Brisez les deux figures
et mélangez-les bien.
Reformez votre image
et l'image de moi.
Il y aura dans vous
quelque chose de moi.
Il y aura dans moi
quelque chose de vous.
Vivants nous dormons
dans le même lit.
Morts nous dormirons
dans un seul cercueil.

DAME KOUAN TAO-CHENG
1262-1319

LA VOIX DES SILENCIEUX

LA VOIX DES SILENCIEUX

Il serait sans doute excessif de présenter la lignée séculaire des poètes lettrés, triomphateurs des concours, fonctionnaires de l'Empire aux divers échelons, des provinces lointaines aux abords du trône, comme les constants porte-parole du peuple. Cependant, une succession de disgrâces, d'exils, d'emprisonnements, de suicides à l'orientale (la forme extrême du reproche aux puissants) et d'exécutions montre la persistance d'une tradition où le lettré ne considère pas la fonction de *censeur* comme dirigée contre les petites gens, mais comme un devoir de franchise, d'avertissement et de critique exercé contre les grands. Misère des paysans écrasés de taxes, de corvées et de prélèvements, soldats recrutés de force, désastres de la guerre qui frappent surtout les pauvres, cruauté des propriétaires et des fonctionnaires, des centaines et des centaines de poèmes font entendre la parole de ceux qui n'ont pas la parole. On l'a entendue tout au long de ce recueil, voici une pincée supplémentaire de plaintes des ignorants exprimées par l'art des savants.

Chanson du fermier

*

Un paysan accablé de tristesse et misère m'a raconté sa vie :

Pour un homme qui travaille seul
c'est dur de nourrir dix bouches.
Pourquoi toutes les moissons du Sud et de l'Est
s'en vont-elles par eau
vers les demeures des seigneurs ?
Sur les flots du Yang-tsé couleur de l'éclair
la moitié des bateaux chavire et coule pour rien.
Si les intendants ou les mariniers en tirent bénéfice
comment les petites gens
oseraient-ils critiquer les puissants ?
Ils n'ont qu'à suer le long des rives
Ils n'ont qu'à labourer dans la plaine.
Ce qu'ils récoltent n'est pas pour eux :
c'est pour engraisser les sbires de l'Empereur.

Ce que m'a dit le paysan est juste.
Mais comment faire parvenir son message
à l'autre extrémité de la route impériale ?

P'I JE HIO
833-883

Chanson de la tisserande

*

Bien remplie est la vie de la tisserande
Les vers à soie sont vieux passé leurs trois sommeils.
La déesse des cocons va faire naître la soie
et les percepteurs vont faire rentrer la taxe sur la soie.
L'impôt ne vient pas de la malice des bureaucrates.
C'est le gouvernement qui fait la guerre depuis un an.
Les soldats sont en train de panser leurs blessures.
Le général en chef, très fier de ses mérites,
fait poser dans sa chambre des rideaux de soie neufs.

La tisserande s'échine à filer la soie et à en tisser les fils
et ses yeux s'usent à débrouiller
les écheveaux sur le métier.
Dans la maison de l'est un vieil homme a deux filles.
Il ne les mariera pas, car elles sont expertes en broderie.
Entre les fils de la vierge qui descendent des poutres
l'agile araignée fait la navette de haut en bas.
Admirable est l'insecte. Il connaît la Voie.
Il sait tisser son fil en réseau dans le vide.

YUAN TCHEN
779-831

Après la bataille

*

On s'est battu toute la nuit
au nord de Siang Kiang.
La moitié des soldats de Ts'in
sont couchés morts dans les champs.
A l'aube arrive le courrier :
nouvelles de leurs familles
et les bons habits chauds
préparés par leurs femmes.

SIU HOUEN
Fin du IXe siècle

En écoutant les paysans mes voisins

*

« Les paysans ne connaissent pas leur bonheur. »
Ah, oui ?
Impôts de printemps pas encore payés à l'automne.
Agents du fisc frappant à leurs portes.
Rentrer le soir fourbu et les soucis en tête.
Même l'été, inondations, l'eau jusqu'au toit.
Elle emporte les semailles. Les sauterelles là-dessus.
Un nouveau décret. On lève des recrues.
Ordre de se faire enregistrer au chef-lieu.
Un homme sur trois. Doit fournir arc, flèches, carquois.
Défense de s'échapper.
Bureaucrates, fouet et bâton en main.
Ils ramassent tout le monde, jeunes et vieux.
Heureux les aveugles, veinards les boiteux.
On proteste. On se plaint. Pères et fils.
Qui va labourer, semer et moissonner ?
Vendre la vache pour acheter arc et flèches.
Marmites vides. Jarres à sec. Plus de bouillie de millet.
Est-ce que les aveugles vont labourer,
les boiteux semer ?
Il n'y a plus qu'à se laisser crever.

J'écoute mes voisins. J'ai honte.
On convoite pouvoir, honneurs, richesses.
On célèbre la nature, le retour aux champs.
On chante la vie heureuse des bûcherons, des paysans.

MEI YAO-TCH'EN
1022-1060

Les paysans et le mandarin

*

Les paysans font pousser le riz.
Le mandarin distille le riz,
en fait du vin, laisse la lie pourrir.
Il vend le vin très cher.

Les paysans qui font pousser le riz
n'ont rien dans leur marmite.
Ils achètent au mandarin
la lie et la mangent.

Le mandarin dit :
« Moi je bois le vin,
vous, mangez la lie. »

NGEOU-YANG SIEOU
1007-1072

Le marchand de fleurs

*

Connaissez-vous le vieux bonhomme
qui vend des fleurs à la porte Kouei-ki ?
Il vit des fleurs comme l'abeille.
Le matin il vend des mauves,
des tulipes l'après-midi.
On voit le ciel à travers son toit.
Son pot de riz est toujours vide.
Dès qu'il reçoit un peu d'argent
il va chez le marchand de vin
et ne se remet au travail
que quand il n'a plus rien à boire.
Chaque printemps les fleurs fleurissent
Chaque jour le vieil homme est saoul.
Qu'est-ce que cela peut bien lui faire
qu'on promulgue une loi nouvelle ?
La stabilité du gouvernement
est le moindre de ses soucis.
Il ne répond pas quand on lui parle
mais sourit d'un sourire ivre
à travers sa tignasse saoule.

LOU YEOU
1125-1210

LES JOURS QUOTIDIENS

LES JOURS QUOTIDIENS

« L'ouverture de compas » de la poésie chinoise, des textes sacrés de l'origine aux poèmes de la vie familière, est extraordinairement vaste. Il y a une grande poésie cérémoniale en vêtements d'apparat, une poésie tendue et altière. Il y a aussi, constamment, une poésie de l'ordinaire des jours, où la malice, l'humour et une affection souriante font place aux jeux des enfants, à la rouerie du chat de la maisonnée, au vacarme des souris et des rats dans le grenier, aux cris des marchands ambulants. La poésie chinoise n'a pas de domaines interdits, et rien de ce qui est humain, ou voisin de l'homme, n'est trop petit pour elle.

Pour s'excuser de ne pas rendre sa visite à un ami

*

Ne soyez pas fâché
de ne plus me voir.
Vous me connaissez.
Ma petite fille
s'accroche à mon cou.
Mon petit garçon
est sur mes genoux.
Mon petit dernier
commence à parler.
Les autres jacassent
sans jamais cesser.
Ils sont toujours
entre mes jambes.
Je ne peux pas aller
plus loin que la porte.
J'ai bien peur
de ne pas pouvoir
aller chez vous bientôt.

MEI YAO-TCH'EN
1002-1060

*En étant invité à dormir avec mon ami Sie Che-Siu
dans la bibliothèque de la famille Siu,
être réveillé par les allées et venues des rats*

*

Flamme bleue, la lampe. Tout le monde dort.
Les rats sortent de leurs trous. Ils ont faim.
Plic, ploc — vacarme des plats et de la vaisselle.
Bing, bang — rêve qui finit en sursaut.
J'ai peur qu'ils renversent l'encrier du bureau.
J'ai peur qu'ils soient en train de manger les livres.
Mon petit garçon se met à miauler.
Est-ce une solution si bête que ça ?

MEI YAO-TCH'EN
1002-1060

En offrande à un chat

Du jour où j'ai eu le chat Blanc Cinquième
les rats n'ont plus mangé mes livres.
Ce matin Blanc Cinquième est mort.
Nous lui avons fait les offrandes de riz et poisson
et l'avons enterré au bord de la rivière
avec des incantations — car il fut un chat
qui méritait une considération extrême.
Un jour il attrapa un rat
et fit tout le tour du jardin lentement
en le tenant serré entre les dents,
bonne leçon donnée à ces messieurs les rats
qui veulent faire régner leur ordre dans la maison.
Quand nous embarquions à bord du bateau
il partageait notre cabine.

Nous n'avions que de maigres rations sèches
mais nous les mangions sans avoir peur
que les rats aient pissé dessus ou les aient rongées.
Blanc Cinquième fut quelqu'un d'une distinction profonde,
beaucoup plus sérieux que les cochons et les poules.
Il y a des gens qui osent prétendre
que rien ne vaut un cheval ou un âne.
Taisez-vous ! Je ne discuterai même pas.
Je pleure mon ami, l'excellent Blanc Cinquième.

MEI YAO-TCH'EN
1002-1060

Chanson du poissonnier

*

Le marchand de poissons bavarde avec le voyageur.
Belles perches et brèmes fraîchement pêchées.
Vous m'en mettrez deux. Gratter au couteau les écailles.
Il trépigne, s'impatiente : les nageoires sont trop longues.

MEI YAO-TCH'EN
1002-1060

*Inscription sur la tonnelle du Vieil Ivrogne
à Tch'ou-tcheou*

*

Quarante ans, ce n'est pas si vieux.
Vieil Ivrogne est juste mon sobriquet.
Quand on a bu on oublie tout :
comment saurais-je quel âge j'ai ?

J'aime l'eau courante au pied de la tonnelle.
Elle vient des cimes déchiquetées.
Son galop semble dévaler du ciel
comme la pluie qui cascade aux gouttières.
Elle jaillit en chute de la falaise,
elle chante dans la vallée ses mille sources cachées.
La voix de l'eau est plus fraîche que les voix humaines.

Sa chanson n'est pas celle des cordes et des flûtes.
Je ne dirai pas de mal de ces instruments
mais l'eau n'a jamais, elle, de fausse note.

C'est pourquoi j'aime emporter une jarre de vin
et aller me promener jusqu'à la cascade.
Les oiseaux me regardent boire et m'endormir.
Les nuages me bordent dans leur brume.
Les fleurs de montagne sourient à mon ivresse
même si elles ne savent pas me parler.

Puis le vent qui vient de là-haut
souffle sur moi, me rafraîchit et me dégrise.

NGEOU-YANG SIEOU
1007-1072

CHANSONS POPULAIRES

CHANSONS POPULAIRES

Depuis les chansons millénaires que le grand sinologue Marcel Granet a recueillies et (admirablement traduites) jusqu'aux couplets (parfois insolents et séditieux) qui ponctuent le chemin semé d'épines de la Chine actuelle, la chanson populaire chinoise ne dément pas l'illusion qui séduit, d'un bout du monde à l'autre, l'amateur de chants populaires : on a l'impression que des Han à nos jours, et de la Touraine à la Côte Ouest du Pacifique, toutes les chansons du monde sont inventées, mises en musique et transmises par la même poignée d'êtres. Ils disent tous la même chose sans jamais se répéter, ils puisent dans les mêmes sentiments sans qu'on puisse leur reprocher de radoter, ils sont très différents en se ressemblant profondément. Les philosophes et les anthropologues n'en auront jamais fini de discuter sur l'existence (ou non) d'une nature humaine. Peut-on hasarder une hypothèse : la nature humaine commence par la chanson ?

La sueur du paysan

*

A la première lune je me mets au travail. S'il fait sec je sème de l'orge et de l'avoine, s'il pleut ou neige j'amasse les mauvaises herbes.

A la seconde lune je prends la barque pour aller chercher de la terre humide. Le vent est si froid, je ne sens plus mes mains. Je suis couvert de boue, les vêtements en loques. Avec la terre humide je fais des sillons pour le riz.

A la troisième lune je fauche les herbes folles, et pour la Fête des Arbres je sème le riz dans mes champs. A l'aube je me lève pour arroser, et je veille tard dans la nuit. Je surveille jour et nuit les racines de mon riz.

A la quatrième lune je travaille sans relâche, je moissonne mon blé, je bêche, j'arrose avec la *noria*. En me levant j'allume ma lanterne, il fait encore noir. Les paysans se disputent pour l'eau qui est trop rare.

A la cinquième lune il fait beau et puis il pleut. Je mets ma bêche sur l'épaule et je m'en vais aux champs. Aux quatre points cardinaux tout devient vert. Je mets en marche la roue, et l'eau monte jusqu'à mon champ.

A la sixième lune les laboureurs n'ont pas un moment de répit. Courbé toute la journée, il faut arracher l'ivraie. Le soleil me brûle, la sueur coule de mes épaules à mes pieds. Quand j'enlève ma chemise, les dards du blé me piquent. Je remets ma chemise parce que la peau me cuit. Et le riche gentilhomme qui passe et me regarde dit : — Ces paysans ont le cuir épais, et la chaleur ne leur fait rien.

Les époux paysans

*

Mon mari sue aux champs, je peine à la maison.
Les époux ont beaucoup à faire,
ils s'entraident l'un l'autre.

Les époux paysans prennent garde à l'amour.
Les époux de la ville prennent garde aux vêtements.
On peut changer un vieux vêtement pour un neuf.
On ne peut pas changer l'amour de toute une vie.

Je cuis le riz, j'infuse le thé.
Tu sarcles, sèmes, bêches et moissonnes.

Quand je mange un œuf, je te laisse le jaune.
Nous vieillirons ensemble.

Pan, pan, qui est là ?

*

— Pan, pan, pan, qui est là ?
— C'est Tchang Yeou-lao, le marchand de pain.
— Pourquoi n'entres-tu pas, vieil oncle Tchang ?
— C'est que j'ai peur que le chien me morde.
— Qu'as-tu dans ton panier, vieil oncle Tchang ?
— Des pains de sésame, des pains de froment.
— Pourquoi ne manges-tu pas tes pains ?
— Parce que je n'ai pas de dents.
— Que portes-tu dessous ton bras ?
— Un vieil habit tout rapiécé.
— Pourquoi ne le mets-tu pas ?
— Parce que j'ai peur que les puces me mordent.
— Dis donc à ta femme d'attraper les puces.
— Ma femme est morte et enterrée.
— Pourquoi ne pleures-tu pas ta femme ?
— C'était une vieille marmite, une vieille poêle à frire.
— Dis à ta petite-fille de t'attraper les puces.
— Elle est trop petite, elles la mangeraient.
— Oncle Tchang Yeou-lao tu es vieux, mais sot.

Ballade de Mou-lan la demoiselle guerrière

*

Mou-lan tisse dans la cour,
Tsi, tsi, tsi, fait la navette.
— Pourquoi soupirer, Mou-lan,
« Serait-ce le mal d'amour ? »

— On m'a dit que l'Empereur
« Veut enrôler mon vieux père
Mais s'il s'en va-t-à la guerre
il y mourra sûrement.

Je n'ai point de frère aîné
Mes parents n'ont qu'une fille. »
Mou-lan essuie ses larmes
et elle va au marché.

Elle achète une jument,
une selle, des harnais,
une armure, une épée,
dit adieu à ses parents.

Sur son armure de fer
brille la lune glacée.
Le cœur de Mou-lan se serre
quand le grand fleuve est passé.

Elle combattit dix ans.
Tous les généraux sont morts.
L'Empereur dit à Mou-lan :
— Je te donne jade et or.

— Donnez-moi plutôt, seigneur,
un chameau rapide et fort.
Je veux revoir mes parents,
le pays de mon enfance.

Aux portes de la cité
ses parents guettent Mou-lan.
On égorge les moutons,
on décore la maison.

Mou-lan quitte son armure,
prend une robe de soie.
Elle dénoue ses cheveux,
et met du fard sur ses joues.

En découvrant une fille
ses soldats sont stupéfaits.
Pendant dix ans à la guerre
ils l'ont prise pour un homme.

Quand le lièvre et sa compagne
courent au ras de terre
qui peut dire : « C'est le mâle
et celle-ci la femelle » ?

Mon cœur et le vôtre

*

L'odeur, celle de mon parfum.
Suis-je belle ? Je ne sais pas.
Parfois le ciel exauce le désir d'un corps
c'est pourquoi vous êtes près de moi.

Quand la glace d'hiver aura trois pieds d'épaisseur,
quand la neige s'étendra sur dix mille li,
mon cœur inchangé sera le cèdre toujours vert.
Mais le vôtre, mon ami, comment sera-t-il ?

La nuit, l'amour

*

Fraîcheur d'automne. Fenêtre ouverte.
Lune à son lever. Lumière douce.
Il est minuit. Un seul silence.
Deux rires étouffés dans le rideau de tulle.

Il essaie de lever le voile de brocart.
Les mains serrées doucement s'écartent.
La ceinture est enfin dénouée.
Un bras referme la moustiquaire de tulle.

Au fort de la chaleur, quand l'air est immobile,
quand montent au crépuscule les nuages d'été,
sous le feuillage épais, vous prendrez ma main :
melons flottant au fil de l'eau, humide pourpre.

A la fenêtre ouverte je veille,
ceinture dénouée, manches flottantes.
Le vent remue la moustiquaire.
Si ma robe glisse, accusez la brise.

Constance

*

Mon amour pour vous
l'Étoile Polaire
brillant constamment
à travers les temps..

Mon amour pour vous
le feu du soleil
éclairant le monde
qui sans lui mourrait.

Les bonheurs de la nuit

*

La nuit est longue.
Je ne dors pas
me tourne et retourne.
J'entends le tambour
dire l'heure qu'il est.

Je pense toujours
à nos premiers jours
au dernier adieu.

Je ne peux dormir
mâchant l'herbe amère
d'absence et d'oubli.

A celui qu'on aime

*

Le savez-vous
que vous et moi
sommes deux branches
d'un seul arbre,
que votre joie
sourit en moi
que vos chagrins
pleurent en moi ?

Amour heureux
la vie vit-elle
où tu n'es pas ?

Le parfum des fleurs

*

L'air est transparent
Le monde étincelle.
Dans le clair de lune
Je marche avec vous.

Vous chantez pour moi.
Cordes de mon cœur,
sa main vous effleure.
Je chante pour vous.

Sommeil

*

Fête de mes yeux
joie de mes regards
Vous voir endormi
les bras allongés
vos cheveux défaits
votre souffle lent
Seigneur je vous aime.
Il n'est rien de vous
qui ne me soit fête
Mais le savez-vous ?

Chanson des hirondelles

*

A deux volent les hirondelles.
A deux se posent sur les toits.
A deux elles gardent leurs nids.
A deux nourrissent leurs petits.

A deux sont venues à l'automne.
A deux s'enfuiront au printemps.
A deux franchissent la mer Jaune.
A deux reviendront l'an prochain.

Pourquoi me quittes-tu la belle
Pour retourner chez tes parents ?
Je te voudrais mon hirondelle
A moi pour toutes les saisons.

Chanson du Grand Mur

*

Meng Kiang-Nu aimait son mari Fan-Ts'i.
Pour bâtir le Mur l'Empereur le prit,
Pour bâtir le Mur qui, de l'est à l'ouest,
Défend l'Empereur de ses ennemis.

Dans les monts du nord, Fan-Ts'i s'en mourut.
Son corps fut scellé dans le mur épais.
Meng Kiang-Nu, pleurant, chemina des lieues,
Des lieues et des lieues, cherchant son époux.

Devant le Grand Mur, elle dit : « Ô Dieux,
Rendez-moi Fan-Ts'i, mon bien le plus doux ! »
Elle a tant pleuré des larmes amères
Que s'est écroulé le Grand Mur de pierre.

Chameau mon ami

*

Chameau mon ami
Mets-toi à genoux :
Une tortue jaune
Est ta sœur aînée.

Chameau mon ami
Salue poliment :
Une tortue noire
Est ta bonne épouse,

Chameau mon ami
Renifle trois fois :
Une tortue bleue
Est ta belle-sœur.

La venue de la bien-aimée

*

Plus légers qu'un oiseau qui marche sur la neige
les pieds de mon aimée viennent à ma rencontre.
Elle porte un pantalon bleu comme le ciel en mai.
Le flot de la rivière amène un caillou blanc.

Monsieur Kao Ho

*

Monsieur Kao Ho brûlait de l'encens
du Dieu du Foyer
Pour faire repousser ses cheveux tombés.
Son crâne est resté nu comme un abricot :
Il injurie le Dieu et lui dit des sottises.

L'amoureux

*

Ma petite dix-huitième sœur,
Tu es la pluie au milieu du ciel.
Où le vent va-t-il la faire tomber ?

La mer dans le Kouang-tong avance et recule,
C'est tantôt le flux, tantôt le reflux,
Et tantôt tu m'aimes, puis ne m'aimes plus.

Ton amour est un couteau pointu
qui m'entre dans le cœur.
Mais, quand tu te déshabilles et t'étends sur le lit,
Je suis heureux comme l'Etoile du Bouvier, quand
    elle rencontre l'Etoile Tisserande,
Je suis content
comme devant un plat de soja frit à l'ail.

L'enfant qui va chercher du bois mort

*

Maman ne veut plus m'avoir dans ses jambes,
m'envoya chercher dehors du bois mort.

Sortant de la ville j'ai vu deux grillons
qui se disputaient en langue grillon.

— Je mange à midi un saule pleureur,
disait le premier en jouant du violon.
— Je mange à souper un gros âne mort,
disait le second en jouant du violon.

Un coq qui passait par là, jabotant,
vit les deux grillons, toujours disputant.

Mangea le premier, mangea le second.
Se disputeront dans son estomac.

La bien-aimée

*

Les carpes dans l'eau
font mouvoir leur queue.
Moi je suis heureux
quand je vois ma belle.

Grand-mère allez voir
son père et sa mère.
Faites la demande,
je veux l'épouser.

Sa chair est douce et blanche
comme la neige des sommets.
Le soleil fait fondre la neige.
Que ne pourra faire mon amour !

Lorsque jaunit la fleur de thé
il est grand temps de la cueillir,
et quand rougit la bien-aimée
c'est le moment de l'épouser.

Ses pieds sont petits, son visage rond.
Elle est belle comme la lune.
Grand-mère allez lui dire
que je veux l'élire.

Comptine de l'avenir

*

Un, quel un ?
Quand j'aurai quinze ans
Je serai coolie.

Deux, quel deux ?
Le loueur de pousse
Me prendra mes sous.

Trois, quel trois ?
Les sergents de ville
Me mèneront au poste.

Quatre, quel quatre ?
Le tireur de pousse
A l'estomac creux.

Cinq, quel cinq ?
Le soldat le bat
S'il ne veut courir.

Six, quel six ?
Claquer des dents l'hiver
Fondre en eau l'été.

Sept, quel sept ?
Les clients préfèrent
Prendre le tramway.

Huit, quel huit ?
S'il se jette à l'eau
Nul ne s'apitoie.

Neuf, quel neuf ?
Quand j'aurai quinze ans
Je serai coolie...

Berceuse enfantine du Honan

*

*Toung toung toung fait le tambour rouge,
Hou hao hou fait le dragon vert.*

Petit poulet blanc, Second Petit Frère,
Mange ta bouillie sans faire de manières.

*Le petit chat noir porte des gants blancs,
On le nomme « Charbon-trempé-dans-la-neige ».*

Petit canard bleu, Second Petit Frère,
Avale tes nouilles jusqu'à la dernière.

*Le petit chat blanc a deux grands yeux verts,
On le nomme « Jade-Incrusté-d'Or-Pur ».*

Petit pot de thé, Second Petit Frère,
Mange le bon riz si tu veux me plaire.

*Toung toung toung fait le tambour bleu,
Hou hao hou fait le dragon noir.*

Chanson enfantine de T'ien-tsin

*

Vieil Oncle Soleil me tient bien au chaud.
Dans son ventre d'or je suis à mon aise.

Je rencontre en rêve mon Cousin le Coq,
mon Frère le Chat, ma Sœur la Souris.

Je suis Petit Troisième et j'ai quatorze frères.
Maman ne me bat pas, se fâche seulement.

Quand le soleil aura marié sa fille Lune
je mangerai du riz en sauce aux haricots.

Chanson du coolie-pousse de Shangai

Qui a eu l'idée du premier pousse-pousse ?
— *Le riche étranger, le riche étranger !*

Qui a eu l'idée du stick pour battre les coolies-pousse ?
— *Le riche étranger, le riche étranger.*

Qui a eu l'idée de vendre l'opium ?
— *Le riche étranger, le riche étranger.*

Qui a eu l'idée d'ouvrir une Bourse ?
— *Le riche étranger, le riche étranger.*

Qui aura l'idée de jeter à l'eau
Le riche étranger, le riche étranger ?
— *Le pauvre Chinois, le pauvre Chinois.*

Comptine de la région de Pékin

*

Oncle Lou, prends ton sabre,
Coupe un chou, coupe un arbre.
Le sabre ne coupe pas.
C'est bizarre, c'est bizarre !
Change ton sabre pour un arc.
Mais ton arc n'a pas de corde.
C'est bizarre, c'est bizarre !
Change ton arc pour un bœuf.
Mais ton bœuf n'a pas de cornes.
C'est bizarre, c'est bizarre !
Change ton bœuf pour un cheval.
Le cheval n'a pas de selle.
C'est bizarre, c'est bizarre !
Nous irons dans les collines
Chercher le gîte du lièvre,
et quand nous l'aurons trouvé
avec la peau du lièvre roux
Oncle Lou, oncle Lou,
nous ferons des p'tits souliers
pour aller nous promener.

TABLE

Introduction	9
Les temps reculés	75
T'ao Yuan-ming (365-427)	103
Wang Wei (701-761 ?)	117
Li Po (701-762)	147
Tou Fou (712-770)	163
Po Kiu-yi (722-846)	181
Li Chang-yin (813-858)	197
Wen T'ingyun (813-870)	209
Li Yu, dernier empereur des T'ang du sud	223
Sou Tong-P'o (1036-1101)	237
Yang Wan-li (1124-1206)	257
La paix des champs	271
La vie est un songe	321
L'amour, la mort	337
La voix des silencieux	377
Les jours quotidiens	389
Chansons populaires	399

DU MÊME AUTEUR

Aux Éditions Gallimard

Poésie

LE POÈTE MINEUR, 1949.
UN SEUL POÈME, 1955.
POÉSIES, dans la collection de poche Poésie/Gallimard, 1970.
ENFANTASQUES, poèmes et collages, 1974.
NOUVELLES ENFANTASQUES, poèmes et collage, 1978.
SAIS-TU SI NOUS SOMMES ENCORE LOIN DE LA MER ? épopée cosmogonique, géologique, hydraulique, philosophique et pratique, en douze chants et en vers, 1979, Collection Poésie/Gallimard, 1983.
À LA LISIÈRE DU TEMPS, 1984.
LE VOYAGE D'AUTOMNE, 1987.
LE NOIR DE L'AUBE, 1990.

Livres d'enfants

LA FAMILLE QUATRE CENTS COUPS, texte et collage, 1954 (Club Français du Livre).
C'EST LE BOUQUET, *Illustrations d'Alain Le Foll,* 1964 (Delpire) (Collection Folio-Cadet, 1980).
LA MAISON QUI S'ENVOLE, *Illustrations de Georges Lemoine,* (Collection Folio-Junior, 1977).
PROVERBES PAR TOUS LES BOUTS, *Illustrations de Joëlle Bouché* (Collection Enfantimages, 1980).
LE CHAT QUI PARLAIT MALGRÉ LUI. *Illustrations de Willi Glasauer* (Collection Folio-Junior, 1982).
LES ANIMAUX TRÈS SAGACES, *Illustrations de Georges Lemoine* (Collection Folio-Cadet, 1983).
CLAUDE ROY UN POÈTE (Collection Folio-Junior en poésie, 1985).
LES COUPS EN DESSOUS, *Illustrations de Jacqueline Duhême* (Collection Folio-Cadet, 1987).
DÉSIRÉ BIENVENU. *Illustrations de Georges Lemoine* (Collection Folio-Junior, 1989).

Autobiographies, Journaux

MOI JE, (Collection Folio, 1978).
NOUS, 1972 (Collection Folio, 1980).
SOMME TOUTE, 1976 (Collection Folio, 1982).
PERMIS DE SÉJOUR, 1977-1982, 1983.
LA FLEUR DU TEMPS 1983-1987, (1988).
L'ÉTONNEMENT DU VOYAGEUR, 1987-1989, (1990).

Romans

LA NUIT EST LE MANTEAU DES PAUVRES, 1949.
LE SOLEIL SUR LA TERRE, 1956.
LE MALHEUR D'AIMER, 1958 (Collection Folio, 1974).
LÉONE, ET LES SIENS, 1963.
LA DÉROBÉE, 1968.
LA TRAVERSÉE DU PONT DES ARTS, 1979 (Collection Folio, 1983).
L'AMI LOINTAIN, 1987.

Documentaires

CLEFS POUR L'AMÉRIQUE, 1949.
CLEFS POUR LA CHINE, 1953.
LE JOURNAL DES VOYAGES, 1960.
SUR LA CHINE, 1979.

Descriptions critiques

DESCRIPTIONS CRITIQUES, 1950.
LE COMMERCE DES CLASSIQUES, 1953.
L'AMOUR DE LA PEINTURE, 1955 (Folio essais, 1987).
L'AMOUR DU THÉATRE, 1956.
LA MAIN HEUREUSE, 1957.
L'HOMME EN QUESTION, 1960.
LES SOLEILS DU ROMANTISME, 1974.

Essais

DÉFENSE DE LA LITTÉRATURE, 1968.
TEMPS VARIABLE AVEC ÉCLAIRCIES, 1985.

Chez d'autres éditeurs

Descriptions critiques

LIRE MARIVAUX, 1947 (à la Baconnière).
ARAGON, 1945 (Éd. Seghers).
SUPERVIELLE, 1964 (Éd. Seghers).
STENDHAL PAR LUI-MÊME, 1952 (Le Seuil).
JEAN VILAR, 1968 (Calmann-Levy).

Cet ouvrage composé par Paris PhotoComposition
a été achevé d'imprimer sur les presses de
l'imprimerie Darantiere à Dijon-Quetigny
en décembre 1990 pour le compte des éditions
Mercure de France

N° d'impression : 309
Dépôt légal : janvier 1991

7396